어법 중심 한국어3

고급

정달영

박문사

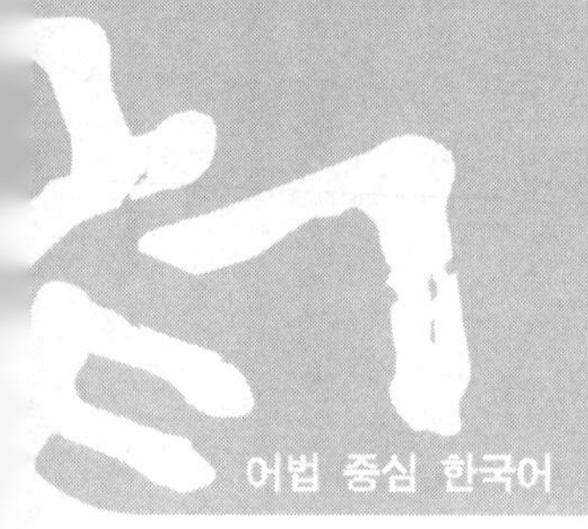

발간사

　나는 연구실 일체를 정리하려고 그동안 쌓여 있던 여러 자료들을 정돈하다가 아람 서정수 선생님과 함께 일하던 자료 뭉치를 발견하였다. 나는 2007년 5월 초부터 선생님과 함께 속담사전과 어법 중심 한국어를 편찬하는 일을 진행했었다.

　그런데 선생님께서 환우가 위중하게 되어, 나에게 자료를 넘겨주면서 몇 가지 의논 말씀을 하셨다. 그때 아람 선생님께서 "속담 사전 편집"과 "외국인을 위한 한국어 교재 편집"에 관한 일을 내가 좀 맡아서 아람 선생님의 큰아드님과 의논하여 추진해 주기를 당부하셨다. 그런데 얼마 후 선생님께서 영면하시게 되었고, 나도 일신상에 매우 어려운 일이 생겨서 추진하던 편집 작업을 중단하게 되었다.

　나는 잃어버렸던 자료를 2013년 11월 초에 찾게 되어, 아람 선생님의 큰아드님과 전화 통화를 하고 만나기로 약속했다. 아람 선생님께서 내게 말씀하신 한국어 교재 편찬 자료들과 새 개정판 속담사전 편찬 작업에 관한 내용을 큰아드님인 서영환 교수에게 설명하고, 이 책들의 출판 여부를 의논하였다. 그 자리에서 나는 아람 선생님의 뜻을 받들어 이 책을 출판하기로 큰아드님과 합의하였다.

　최근 외국어로서의 한국어 교육이 여러 교육 기관에서 활발하게 이루어지고 있다. 한국어 교육 현장에서는 의사소통 중심의 교수-학습 활동이 강조되고 있다. 한편 한국어 교육에서 문법 교육 또한 소홀히 해서는 안 되는 중요한 영역으로 인식되고 있다.

　그러므로 '어법 중심 한국어' 1, 2, 3책을 편집 출판하게 된 것은 한국어 교육 발전을 위해 뜻 깊은 일이 아닐 수 없다. 나는 앞으로 이 책이 한국어 교육 현장에서 많이 활용되었으면 좋겠다. 그뿐만 아니라, 이 책이 제목에 걸맞게 어법 중심의 정확하고 효율적인 한국어 교수·학습에 적지 않은 도움이 되기를 희망한다.

　　이 책의 편집 과정에서 여러분들의 많은 도움을 받았다. 이 자리를 빌려 그분들께 진심으로 감사드린다. 특히, 출판계의 장기적 불황 속에서도 저자에게 호의를 베풀어 이 책의 출판을 맡아준 제이앤씨/박문사 윤석현 사장님과 권석동 이사님, 그리고 책을 정말 보기 좋게 편집해 준 이신님께 진심으로 감사드린다.

　　특별히 이런 소중한 일을 부족한 나에게 당부하고 세상을 떠나가신 아람 서정수 선생님께 마음 깊이 감사드린다. 동시에 이 책을 발간하면서 만시지탄의 걱정을 조금이나마 덜 수 있는 계기가 되었으면 좋겠다.

2014. 1. 15.
왕방산 아래 연구실에서
정달영 적음

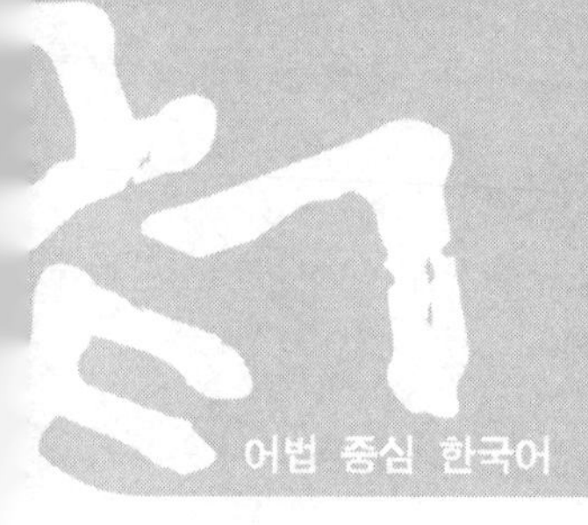

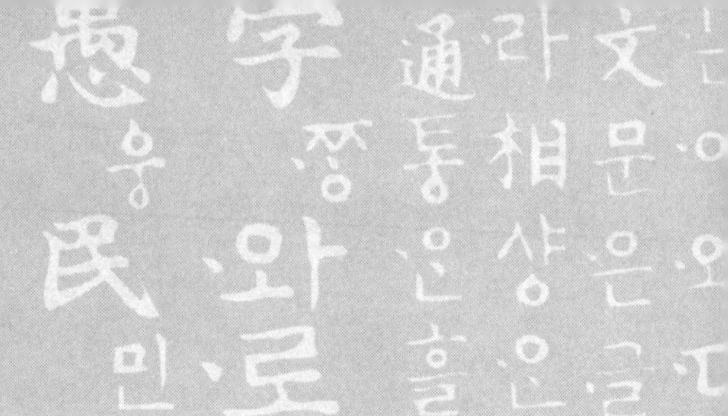

머리말

이 교재는 한국어를 체계적이고 효율적으로 학습할 수 있게 어법 중심으로 익혀 나가는 내용이 되도록 엮었다. 곧 한국어의 골격을 이루는 어법 유형의 학습에 중심점을 두고, 한국어를 과학적으로 학습하도록 엮었다는 것이다. 한국어의 어법 유형은 조사나 어미로 이루어지는 한국어 문장의 핵심적인 뼈대 요소이다. 이런 기본 어법의 숙달에 역점을 둔 것이 이 책의 가장 두드러진 특색이라 하겠다.

첫째로, 이 책에서는 문법 또는 어법 유형을 깨우치는 데 역점을 두었다. 어법 유형은 주로 조사나 어미로 이루어지는 문장의 뼈대요 골격이다. 정확한 한국어를 배우려면 기본이 되는 어법 사항을 잘 익히지 않으면 안 된다는 점을 이 책에서는 강조하였다.

둘째로, 한국어의 어법 유형은 단계적으로 익혀야만 효율성이 높은 학습이 된다는 점을 강조하였다. 일상 문장에서 자주 쓰이는 쉬운 어법부터 익히고, 점차 어려운 어법을 배워 나가는 것이 효율적인 한국어 학습법이라는 점을 학습자의 머릿속에 늘 새겨 두도록 강조하였다.

셋째로, 이 교재는 본문 내용을 주로 문답식으로 구성하여, 듣기와 말하기를 동시에 숙달하도록 역점을 두었다. 본문의 내용은 교실에서의 교수 학습, 자학자습, 녹음 활용 또는 한국인들과의 만남 등에서 듣는 내용이 학습자의 입을 통하여 말하기 능력 숙달에 도움이 되도록 세심한 배려를 하였다.

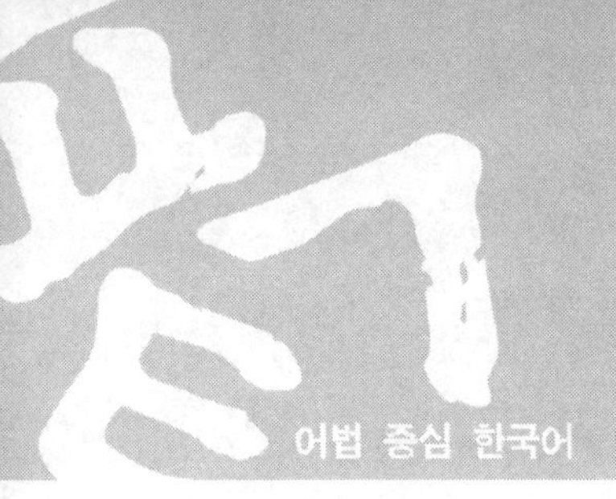

　　많이 듣고 말하는 연습 과정 없이, 의미 이해나 해석을 먼저 시도해서는 안 된다는 점에 주의를 기울였다. 듣고 말하기의 연습 과정을 건너뛴 내용 이해나 해석 위주의 방식은 지식 습득일 뿐이며, 귀와 입을 통한 말 배우기가 못된다. 이는 성인들이 말 배우기 과정에서 흔히 잘못된 데로 빠지기 쉬운 점이다. 그래서 듣기와 말하기 연습을 무시하는 태도를 경계하여야 한다는 점을 교수－학습자에게 깨우치도록 강조하였다.

2014년 1월 15일
정달영 적음

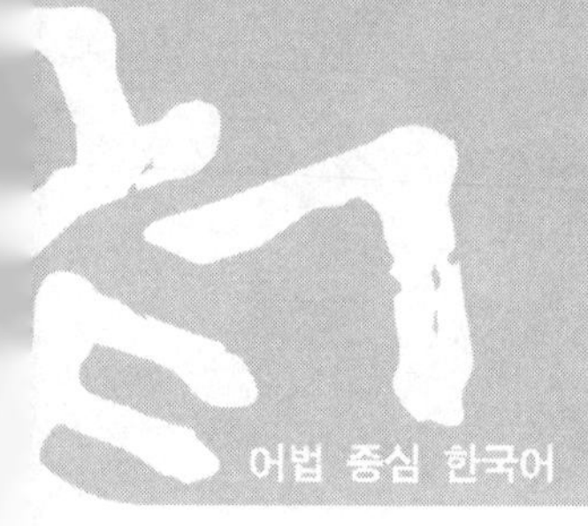
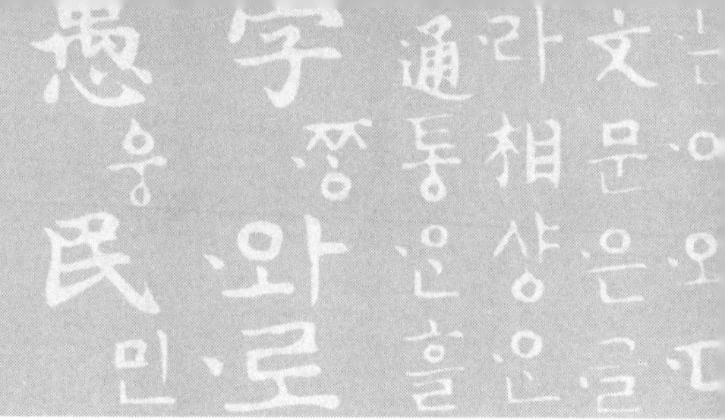

일러두기

1. 이 교재의 특징

이 교재는 3책으로 구성한다.

제1책 〈기초 한국어〉

발음법과 쓰기, 기본 어법 유형, 기본 단어로 구성한다. 모두 20과로 되어 있으며 각 과는 8-9 쪽(面)으로 이루어진다. 책의 분량은 4, 6 배판(B5 크기) 약 180여 쪽 분량이다.

제2책 〈중급 한국어〉

기초 한국어보다 한 단계 높은 어법 유형과 단어 등으로 이루어진다. 모두 20과로 편집하고 각 과는 8-9 쪽이며, 약 170여 쪽 분량이다.

제3책 〈고급 한국어〉

한국인 언어 능력에 버금가는 수준의 어법 유형과 단어, 어구로 구성하였다. 이 과정을 마친 학습자는 한국어의 자유로운 회화 능력과 독해력을 수준 높게 갖추게 될 것이다. 모두 23과로 되어 있으며 각 과는 8-9쪽이고 약 200여 쪽 정도의 분량이다.

2. 각 과의 구성

각 과는 3, 4 개의 소 항목으로 나누어 다루었다. 각 소 항목은 과문, 연습, 발음 풀이 및 어법 유형 풀이로 구성된다. 과문은 약 4, 5개의 핵심 문장으로 이루어진다. 교사나 보조자는 학습자에게 각 과문을 반복적으로 따라 읽히고, 귀로 들어 말하는 기초 훈련을 쌓도록 지도한다.

숙달 연습: 각 과문 내용을 온전히 숙달할 수 있도록 대입하기 연습, 질문·대답하기 연습 등을 꾸준히 실시한다. 이 과정을 소홀히 하면 한국말이 뿌리를 내리지 못하여 한국어 능력이 크게 향상되지 못한다.

발음 변화 익히기: 한글의 낱글자를 배우고 읽는 것은 비교적 쉽다. 그러나 앞뒤의 글자를 이어서 발음할 때는 발음 변화(음운 변동)가 따르게 되므로, 그러한 발음법을 따로 익히지 않으면 한국어의 정확한 발음을 할 수가 없다.

어법 유형 풀이: 과문과 연습 과정에 나타난 중요한 어법 유형을 좀 더 구체적으로 풀이한다. 어법 유형의 구성 요소인 조사, 어미, 시제 표현, 경어법, 피·사동법 등을 일일이 풀이하여 그것들의 활용법을 숙달하도록 한다.

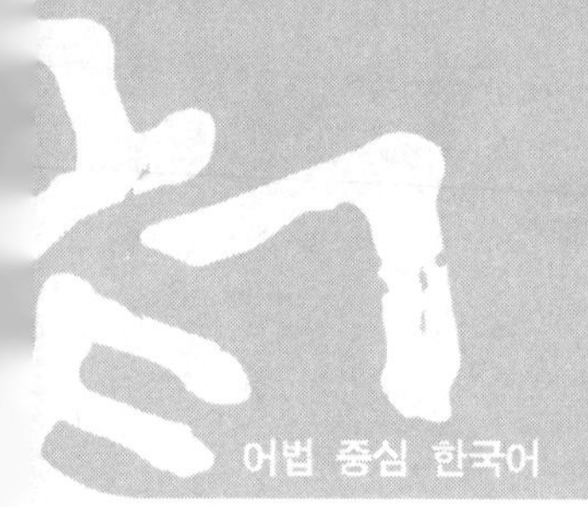
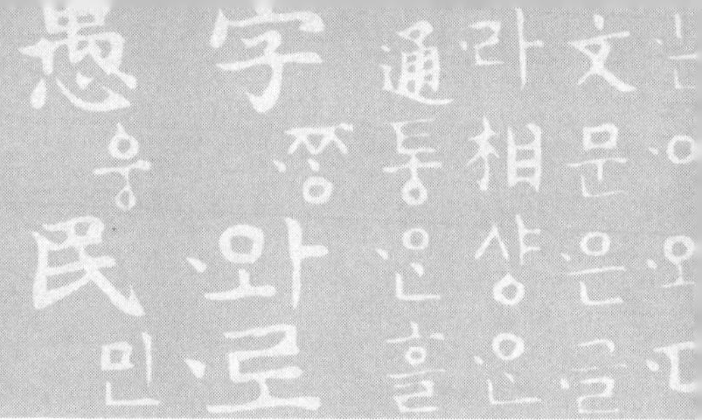

목차

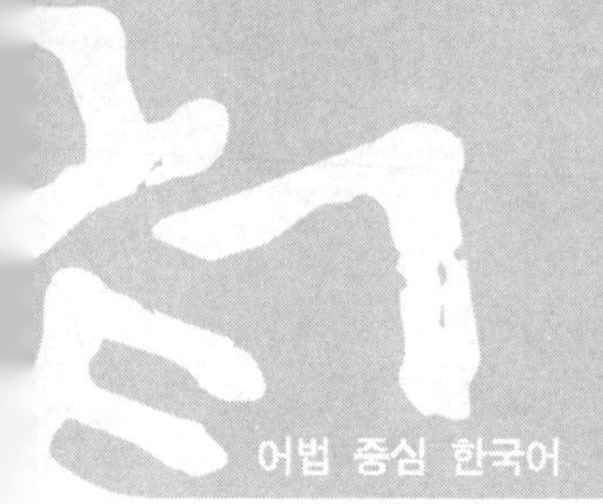

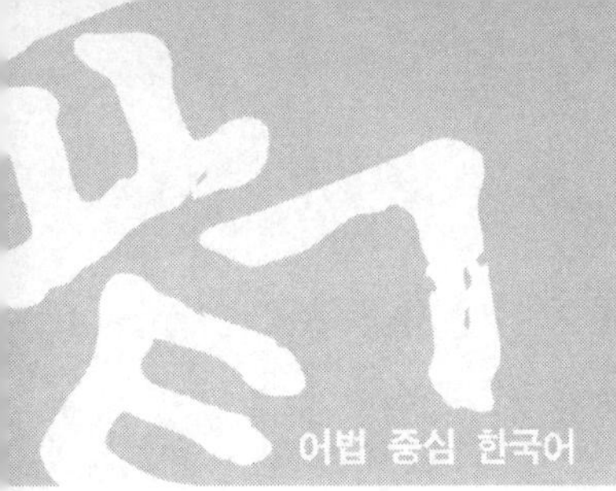

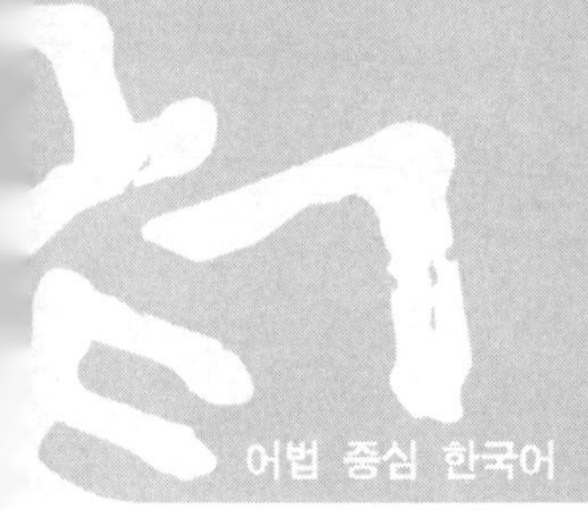

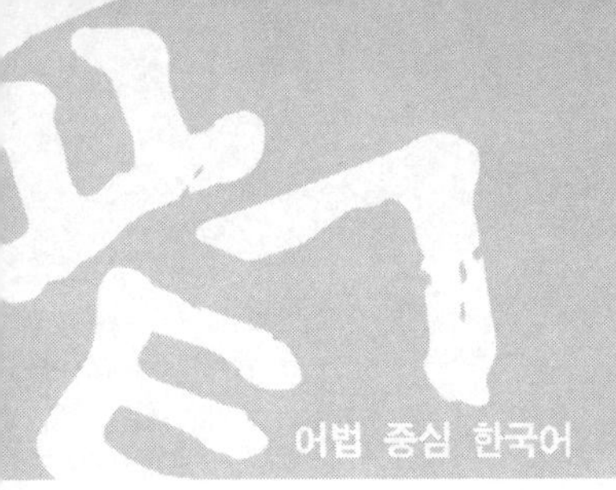

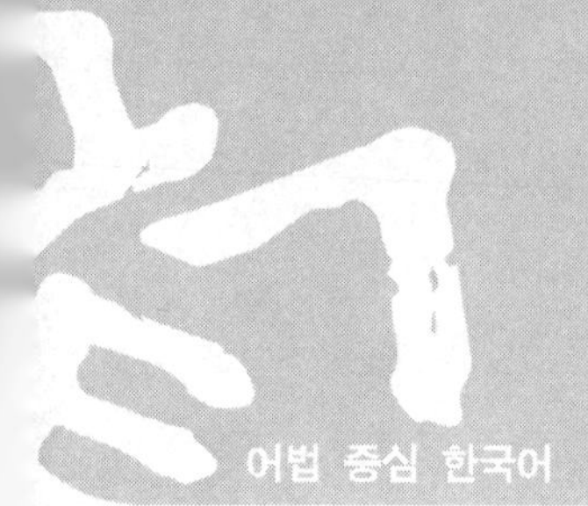

의도와 목적 및 소망 표시

1.1 의도형 어미

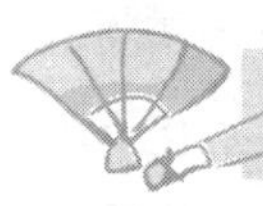 기본 유형 : —(으)려고

유미는 무엇을 사려고 시장에 갑니까?

예, 인삼을 사려고 시장에 가지요.

진우는 누구를 만나려고 여기에 왔지요?

그는 친척을 만나려고 여기에 왔어요.

성호는 무엇을 하려고 비무장 지대에 갔지요?

예, 성호는 휴전선을 구경하려고 비무장 지대로 갔어요.

그들은 불고기를 먹으려고 저 음식점에 들어갔어요?

예, 그들은 불고기를 먹으려고 저 음식점에 갔어요.

1 연습하기

> **보기**　그 여자는 무엇을 사려고 백화점에 갔지요?
>
> 　　　　장난감을 사다 ‥ 그 여자는 장난감을 사려고 백화점에 갔습니다.

(1) 그는 무엇을 배우려고 프랑스로 유학 갔습니까?

　미술을 배우다 　‥ 그는 미술을 배우려고 프랑스에 유학 갔어요.

(2) 그들은 무엇을 타려고 서울역에 갔습니까?

　고속전철을 타다 ‥ 그들은 고속전철을 타려고 서울역에 갔습니다.

(3) 그는 어디를 방문하려고 그 비행기를 탔습니까?

　동남아를 방문하다 ‥ 동남아를 방문하려고 그 비행기를 탔습니다.

(4) 누구를 배웅하려고 공항에 나왔습니까?

　부모님을 배웅하다 ‥ 부모님을 배웅하려고 공항에 나왔습니다.

(5) 그는 무슨 일을 하려고 회사에 갔지요?

　물품을 주문하다 　‥ 그는 물품을 주문하려고 회사에 갔지요.

2 어법

❶ "-(으)려고"의 용법

앞 동사의 어간에 의도 표시 어미 "-(으)려고"를 쓰고, 그 뒤에 구체적인 실천 행동을
표현한다. 이 의도 표시의 어미는 형용사에는 쓰이지 않고 동사 어간에만 결합되어 쓰일
수 있다.

> 예　나는 시골에 **가려고** 기차를 탔어요.
>
> 　　외국으로 떠나**려고** 비행기를 탔습니다.
>
> 　　저는 양말을 사**려고** 시장에 갔어요.

의도형 어미는 동사에만 쓰일 수 있다. 동사에 이 어미를 첨가하면 의도(의향)를 표시
한다.

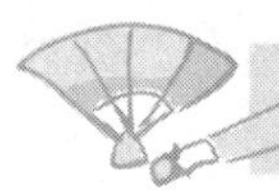 기본 유형 : -(으)러

철수는 무엇을 하러 거기에 갔지요?
　그는 학교에 공부하러 갔습니다.

유미는 어머니를 보러 시골에 갔지요?
　그는 틈나는 대로 어머니를 만나러 시골에 갑니다.

그는 일요일에도 일하러 직장에 나오지요?
　일이 밀리면 일요일에도 직장에 가지요.

그들은 무얼 하러 강원도로 가지요?
　그들은 등산하러 강원도 설악산으로 갑니다.

1 연습하기

> **보기**　오늘은 무슨 옷을 사러 갑니까?
> 　　　한복을 사다 ·· 저는 한복을 사러 갑니다.

(1) 외국 학생들이 무엇을 하러 한국에 옵니까?
　한국어를 배우다 ·· 그들은 한국어를 배우러 옵니다.

(2) 이 회사에 무엇을 하러 옵니까?
　일하다　　　·· 저는 이 회사에 일하러 옵니다.

(3) 누나는 무엇을 사러 시장에 갑니까?
　야채를 사다　·· 누나는 야채를 사러 시장에 갑니다.

(4) 그들은 낮에 무엇을 하러 회사 밖으로 나갑니까?
　점심을 먹다　·· 그들은 낮에 점심을 먹으러 회사 밖으로 나갑니다.

(5) 그들은 왜 고향에 갑니까?

　　친척을 만나다 ‥ 그들은 친척을 만나러 고향에 갑니다.

2 어법

❶ 목적형 어미 "－(으)러 + 가다/오다"

목적형 어미 "－(으)러"는 "가다"나 "오다"와 결합하여 목적을 나타낸다. 이런 점에서 이 어미는 앞에서 다룬 의도형 어미 "－(으)려고"와 다르다.

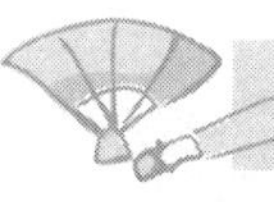
　　저는 외국 가는 비행기를 타러 인천공항에 갑니다.
　　저는 이 공원에 남자 친구를 만나러 왔습니다.

어미 "－(으)러"는 동사에만 쓰일 수 있다. 형용사와 어울리지 않는다.

1.3 조건 목적형 어미

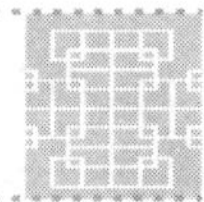

기본 유형 : －(으)려면

동해에 가려면 어느 쪽으로 가야 합니까?
　　강원도 쪽으로 가야지요.

부산에 빨리 가려면 무슨 차를 탑니까?
　　고속철을 타야지요.

광화문에 가려면 몇 호선 지하철을 탑니까?
　　5호선 지하철을 타야 합니다.

한국 민속을 구경하려면 어디에 가야 합니까?
　　한국 민속촌을 가야지요.

> **보기**　국내선 비행기를 타려면 어디로 갑니까?
> 　　　　김포공항 ·· 김포공항으로 가십시오.

(1) 한복을 사려면 어디에 갑니까?

　　동대문시장 ·· 한복을 사려면 동대문시장에 가십시오.

(2) 이 편지를 부치려면 어디에 갑니까?

　　우체국　　·· 그 편지를 부치려면 우체국에 가십시오.

(3) 온천에 가려면 어디로 갑니까?

　　온양, 유성 ·· 온천에 가려면 온양이나 유성으로 가십시오.

(4) 야구를 보려면 어디에 가야 갑니까?

　　잠실야구장 ·· 잠실야구장에 가십시오.

(5) 기념 사진을 찍으려면 어디에 갑니까?

　　사진관　　·· 기념 사진을 찍으려면 사진관에 가십시오.

2 어법

❶ "–(으)려면"의 용법

"–(으)려면"은 "–(으)려고 하면"의 축약형이다. 이들 두 가지 형태의 뜻과 용법은 동일하다. 다만 전자의 형태가 후자보다 더 짧으므로 많이 쓰인다.

> 예　강화도에 가려면 시외 버스를 탑니다.
> 　　시골에 가려고 하면 서울역에 가십시오.

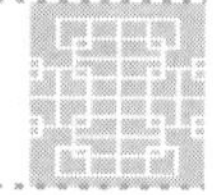

 기본 유형 : -고 싶다

김치 박물관을 구경하고 싶습니까?

　김치 박물관은 코엑스 건물에 있어요.

무슨 영화를 보고 싶지요?

　예, 저는 춘향전을 보고 싶어요.

칼국수를 먹고 싶다고요?

　그러면 칼국수 집에 가야지요.

1 연습하기

> **보기**　주말에는 무엇을 하고 싶습니까?
>
> 　　강화도에 가다 ‥ 주말에는 강화도를 보고 싶습니다.

(1) 누구를 사귀고 싶습니까?

　한국 친구 ‥ 저는 한국 친구를 사귀고 싶습니다.

(2) 장래 무엇이 되고 싶습니까?

　의사　　　‥ 저는 장래 의사가 되고 싶습니다.

(3) 누구를 만나고 싶습니까?

　가수　　　‥ 저는 가수를 만나고 싶습니다.

(4) 어디에 여행가고 싶습니까?

　강원도　　‥ 강원도에 여행가고 싶습니다.

(5) 어느 바다에 가고 싶습니까?

　남쪽 바다 ‥ 남쪽 바다에 가고 싶습니다.

❶ "-고 싶다"의 용법

이 복합 형태는 화자의 소망을 나타낸다. 화자 이외에는 이런 표현을 쓸 수 없다.

> 예 저는 탈춤을 배우고 싶습니다.
> 저는 어머니가 보고 싶습니다.

❷ "-고 싶다"의 의문형

"-고 싶다"를 의문문 형식으로 쓰면, 청자의 소망을 질문할 수 있다.

> 예 판소리를 배우고 싶습니까?
> 무슨 일을 하고 싶습니까?
> 고향의 가족들에게 편지를 쓰고 싶지요?
> 남원 광한루에 가보고 싶지요?
> 진도에 가서 진돗개를 보고 싶습니까?

제2과
특수 의미 조사

2.1 명사 + 한정 조사

기본 유형 : -만

돈이 있어요?
>　만 원만 빌려 주십시오.

만 원만 있으면 돼요?
>　예, 만 원만 필요해요.

저 가수는 한국 노래만 부른다지요?
>　예, 그는 한국 노래만 부르지요.

1 연습하기

보기 그는 요즈음 무엇을 배우지요?
>　한국어 ‥ 그는 요즈음 한국어만 배워요.

(1) 그 여자는 누구를 사랑하지요?
>　자기 남편 ‥ 그 여자는 자기 남편만 사랑해요.

(2) 그 사람은 기차만 타지요?

새마을호　　‥ 아니요, 그 사람은 기차만 타지는 않아요.

(3) 그는 요즘은 한국 춤만 배운다지요?

강강술래　　‥ 예, 그는 요즈음 강강술래만 배워요.

(4) 지난 주말에는 어디를 여행했어요?

강원도 지방 ‥ 나는 강원도 지방만 여행했어요.

(5) 누가 그 비밀을 알 수 있지요?

정보원　　　‥ 정보원만 그 비밀을 알 수 있어요.

② 어법

❶ 명사 + "－만"

명사에 "－만"이 첨가되면, 그 명사를 제한하는 한정성을 나타낸다. 다른 것은 제외하고 그것만 가리키는 것이다.

> 예　우리만 그 일을 하지요. 다른 사람은 하지 못해요.
> 여자들만 그 학교에 들어가지요. 남자들은 들어가지 못해요.

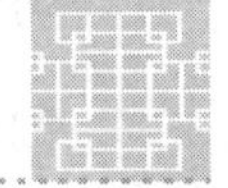

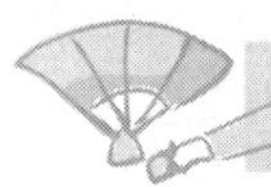

기본 유형 : -에만, -에서만

선생님은 하루 종일 학교에만 계세요?

　　우리 아빠는 일요일에 온 종일 집에만 계세요.

해녀는 항상 바다에서만 생활하지요?

　　아니요, 자맥질 할 때에만 바다에 가요.

그 농부는 주로 농장에서만 일을 하지요.

엄마는 예쁜 아기 옷을 백화점에서만 사지요.

그분은 선생님에게만 선물을 드렸어요?

　　예, 그분은 선생님에게만 선물을 드렸어요.

보통 사람은 행동은 없고 말로만 하지요?

　　본래 말만 많은 사람이 실천력은 부족하지요.

1 연습하기

> **보기**　그는 요즈음 어디에서 무얼 하고 있지요?
>
> 　　　　외국 ‥ 그는 요즈음 미국에서 영어공부에만 열중하고 있대요.

(1) 그 여자는 누구에게 전화하지요?

　　어머니 ‥ 그 여자는 주로 어머니에게만 전화해요.

(2) 그 사람은 날마다 어디에 있지요?

　　가게 　‥ 그 사람은 주로 가게에만 있어요.

(3) 요즘도 공장 일 말고 또 다른 데서도 일을 하나요?

　　공장 　‥ 아니요, 저는 요즈음 공장에서만 일해요.

(4) 그는 여러 사람과 함께 떠났지요?

혼자 ‥ 아니요, 그는 혼자서만 떠났어요.

(5) 입법 문제는 어디에서 다루지요?

국회 ‥ 그것은 국회에서만 다루지요.

(6) 그 문제가 말로만 사과해서 해결될 일인가요?

손해배상 ‥ 적절한 손해배상으로만 해결이 가능하지요.

2 어법

❶ "–에만, –에서만, –에게만, –로만"의 용법

명사에 "–에", "–에서" 등의 조사가 첨가되면, 부사어의 기능을 하게 된다. 그 부사어에 "–만"이 다시 첨가되면, 그 부사어만을 한정한다. 곧 한정 조사 "–만"은 다른 것을 제외하고 그것만으로 범위를 제한하는 의미로 쓰인다.

> 예 우리는 주로 서울에만 있어요.
> 가정주부들은 집에서만 일을 해도 할 일이 매우 많지요.

2.3 명사 + 포함 조사

기본 유형 : –도

어린 아이도 그것은 다 알지요?

예, 그건 아주 쉬운 문제지요.

딸기도 과일이지요?

딸기는 물론, 사과와 배도 모두 과일이지요.

> **보기** 이력서만 필요해요?
>
> 사진 두 장 ·· 아니요, 사진 두 장도 필요해요.

(1) 저분만 선생님이에요?

이분　　　·· 아니요, 이분도 선생님입니다.

(2) 오늘만 그 일을 하나요?

내일과 모레 ·· 아니요, 내일과 모레도 그 일을 하지요.

(3) 그 모임에는 저만 참석해요?

부인과 친구 ·· 부인과 친구도 참석하시지요.

(4) 요즈음 한국말만 배워요?

한국문화　·· 한국문화도 배워요.

(5) 겨울에는 눈만 와요?

비　　　·· 가끔 비도 와요.

2 어법

❶ "–만", "–도"의 용법

"–만"은 그것이 결합된 앞의 말을 제한하는 뜻으로 쓰인 조사로서 한정적이고 배타적인 의미를 나타낸다. 반면에 "–도"는 그것이 첨가된 앞의 말을 함께 포함하는 의미를 나타내는 조사다.

> 〈예〉 저 사람만 친구예요?
>
> 아니요, 이 여자도 친구예요.
>
> 저 가수는 노래만 잘 불러요?
>
> 아니요, 저 가수는 춤도 잘 춰요.

부사어 + 포함 조사

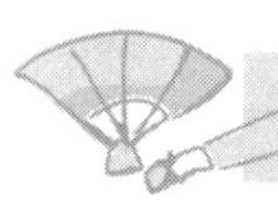
기본 유형 : -에도, -에서도

그는 직장에도 나가지요?

  아니요, 그는 가정에만 있어요.

그는 저녁 모임에도 나가지요?

  예, 그는 저녁 모임에도 나가지요.

그 사람은 집에서도 회사 일을 하지요?

  아니요, 그 사람은 회사에서만 회사 일을 해요.

그분은 다른 선생님에게도 선물을 드렸어요?

  아니요, 그분은 자기 선생님에게만 선물을 드렸어요.

그는 직장 생활을 하면서 봉사 활동도 하지요?

  예, 그는 퇴근 후에 봉사활동도 많이 해요.

1 연습하기

> **보기** 그는 요즈음 국내에만 있어요?
>
>   외국 ‥ 아니요, 그는 요즈음 외국에도 자주 나가요.

(1) 그 여자는 또 남편에게만 전화했지요?

  부모님 ‥ 아니요, 그 여자는 부모님에게도 전화했어요.

(2) 그 할아버지는 날마다 공원에만 있지요?

  산   ‥ 아니요, 그 할아버지는 산에도 자주 가세요.

(3) 요즘은 그는 사무실에서만 일하지요?

  공장 ‥ 아니요, 그는 요즈음 공장에서도 일해요.

(4) 이 방은 작업실로만 이용하지요?

　　서재 ‥ 아니요, 그 방은 서재로도 이용해요.

(5) 그 비밀 사건은 국정원에서만 다루지요?

　　검찰 ‥ 아니요, 그 사건은 검찰에서도 다루지요.

2 어법

❶ "-에도, -에서도, -에게도, -로도"

명사에 "-에", "-에서" -에게, -로" 등의 조사가 첨가되면, 명사가 부사어의 기능을 하게 된다. 그 부사어에 앞의 말을 포함하는 조사 "-도"가 첨가되면 그 부사어까지 포함되는 의미를 나타낸다.

> 예 우리 회사는 서울에도 있고 지방에도 있어요.
> 한국 여자들은 가정에서만 일을 하지 않고 밖에서도 일을 해요.
> 나는 그 일을 여자 친구와 다른 친구에게도 말했어요.
> 나는 일본도 가 보고 중국도 가 보았어요.
> 그는 이리로도 가 보고 저리로도 가 보았어요.

용언의 명사 수식형 어미

3.1 형용사 어간이 자음인 명사 수식형

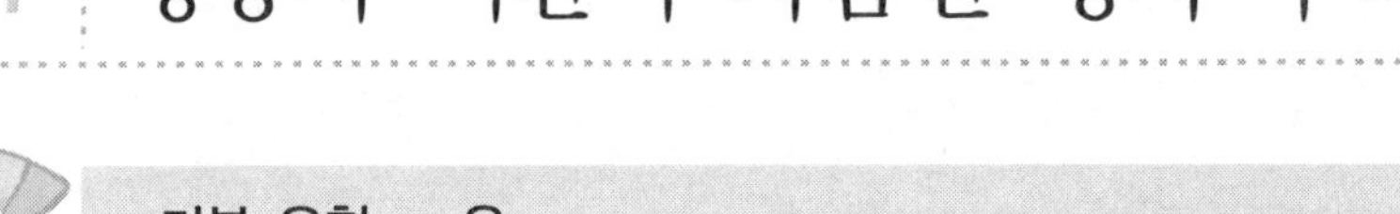

기본 유형 : -은

그 사람은 좋은 사람이지요?

　　예, 그는 참 좋은 사람이지요.

그분은 아주 젊은 사람입니까?

　　늙으신 분은 아니지만, 아주 젊지도 않아요.

이 강물은 맑고 깨끗한 물입니까?

　　예, 거울처럼 맑고 깨끗한 물입니다.

도봉산이 서울에서 가장 높은 산이지요?

　　아니요, 도봉산은 백운대보다 낮은 산입니다.

> 보기 그 사람은 어떤 여자입니까?
>
> 　　　교양 있다 ‥ 그 사람은 교양 있는 여자입니다.

(1) 그 사람은 어떤 사람입니까?

　　마음이 곧다 ‥ 그 남자는 마음이 곧은 사람입니다.

(2) 한강은 얼마나 큰 강입니까?

　　크다　　　‥ 한강은 한국에서 꽤 큰 강입니다.

(3) 이것은 어떤 옷입니까?

　　비싸다　　‥ 그것은 좀 비싼 옷입니다.

(4) 저 밭의 흙은 어떤 흙입니까?

　　비옥하다　‥ 저 밭의 흙은 아주 비옥한 흙입니다.

(5) 고향으로 가는 길은 어떤 길입니까?

　　넓다　　　‥ 우리 고향으로 가는 넓은 길입니다.

2 발음

좋은 ⇒ [조은]	젊은 ⇒ [절믄]	맑은 ⇒ [말근]
맑고 ⇒ [말꼬]	깨끗한 ⇒ [깨끄탄]	높은 ⇒ [노픈]
낮은 ⇒ [나즌]	밭의 ⇒ [바틔]	넓다 ⇒ [널따]
넓은 ⇒ [널븐]	흙은 ⇒ [흘근]	흙입니다 ⇒ [흘김니다]

3 어법

❶ 명사 수식 형용사의 어미 "–은"의 용법

　형용사의 어간이 자음으로 끝난 형용사에 "–은"이 첨가되면, 바로 뒤따르는 명사를
수식하는 관형사형으로 된다.

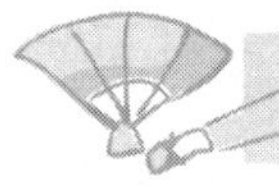 좋은 날씨 　　　(날씨가 좋다)

　　검은 색 　　　(색이 검다)

　　높은 산 　　　(산이 높다)

　　적은 돈 　　　(돈이 적다)

　　넓은 문과 좁은 문

3.2 형용사 어간이 모음인 명사 수식형

기본 유형 : -ㄴ

그이는 참으로 교양 있는 사람이지요?

　예, 그이는 매우 교양 있는 여성이지요.

그 남자는 건강한 사람이지요?

　예, 그는 아주 건강한 남성이지요.

이것은 빠른 기차입니까?

　예, 그것은 매우 빠른 고속철입니다.

그것은 따뜻한 물입니까?

　예, 이것은 따뜻한 물입니다.

1 연습하기

> **보기**　이것은 싼 물건입니까?
> 　　　　예, 그것은 싼 물건입니다. / 아니요, 그것은 비싼 물건입니다.

(1) 저분은 몸이 튼튼한 사람입니까?

　예, 튼튼한 사람입니다. / 아니요, 약한 사람입니다.

(2) 그는 똑똑한 사람입니까?

　　　예, 그는 똑똑한 사람입니다. / 아니요, 좀 미련한 사람입니다.

(3) 그것은 찬 물입니까?

　　　예, 이것은 찬 물입니다.　　/ 아니요, 이것은 미지근한 물입니다.

(4) 그것은 희귀한 돌입니까?

　　　예, 그것은 희귀한 돌입니다. / 아니요, 이것은 흔한 돌이지요.

(5) 오늘은 맑게 갠 날씨지요?

　　　예, 오늘은 맑게 갠 날씨예요./ 아니요, 오늘은 흐린 날입니다.

2 어법

형용사의 어간이 모음으로 끝나는 경우에, 그 어간에 "ㄴ"을 첨가하면 명사를 수식하는 관형사형으로 되어 그 뒤에 오는 명사를 수식하게 된다.

　　　예　흐린 날씨　　(날씨가 흐리다)
　　　　　찬 얼음　　　(얼음이 차다)
　　　　　푸른 산　　　(산이 푸르다)
　　　　　나쁜 물건　　(물건이 나쁘다)

3.3 동사의 현재 수식형

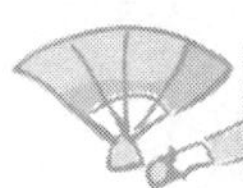

기본 유형 : -는

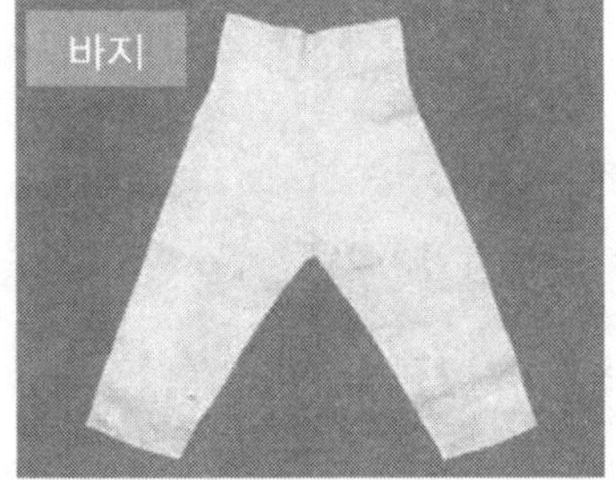

한복의 바지는 남자가 입는 옷이지요?

　　예, 한복 바지는 남자용 아랫도리옷이지요.

승용차가 화물차에게 부딪혔지요?

　　아니요, 화물차가 승용차에 부딪혔습니다.

막걸리는 어떤 술이지요?

　　한국 농부들이 잘 마시는 술입니다.

그 학생은 날마다 예습 복습을 철저히 하지요?

　　예, 그는 날마다 열심히 예습 복습을 하지요.

흔히, 믿는 도끼에 발등 찍힌다지요?

　　예, 그렇습니다. 혼란한 시대에는 믿는 사람에게
　　배신당하는 일이 자주 있지요.

1 연습하기

> **보기**　그는 무엇을 하는 사람입니까?
>
> 　　사무를 보다 ‥ 그는 사무를 보는 사람입니다.

(1) 그는 무엇을 하는 사람입니까?

　　연극하다　　　　　‥ 그는 연극하는 사람입니다.

(2) 교수는 무슨 일을 하는 사람입니까?

　　연구하고 가르치다 ‥ 교수는 연구하고 학생들을 가르치는 사람입니다.

(3) 그는 무엇을 하는 사람입니까?

건축하다 ‥ 그는 건축하는 사람입니다.

(4) 그이는 무슨 일을 하는 사람입니까?

고기를 잡다 ‥ 그이는 고기를 잡는 어부입니다.

(5) 그는 어디에 사는 사람입니까?

농촌 ‥ 그는 농촌에 사는 농부입니다.

〈석양의 산〉

2 발음

입는 옷 ⇒ [임는 옫]	부딪혔습니다 ⇒ [부디쳐씀니다]
발등 ⇒ [발뜽]	찍힌 ⇒ [찌킨]

3 어법

❶ 동사의 현재 수식형 "-는"의 용법

동사의 어간에 어미 "-는"을 첨가하면, 그 동사의 움직임이 현재 이루어지는 상황을 나타낸다.

예 저기 오는 사람

저쪽으로 가는 사람

늘 연구를 하는 학자

아침마다 남산에 올라가는 사람

외나무다리에서 만나는 원수

또한 어떤 동사에 현재 수식형 어미 "-는"이 첨가되면, 어떤 행위를 직업적으로 수행하는 동작을 나타내기도 한다.

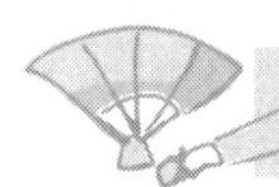

사진을 찍는 사람　(사진사)

노래를 하는 사람　(가수)

그림을 그리는 사람 (화가)

글을 쓰는 사람　　(작가)

3.4 동사의 과거 수식형

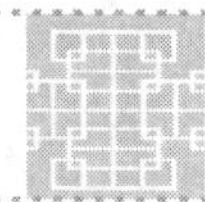

기본 유형 : -(으)ㄴ

저분은 우리가 어디선가 본 여자이지요?

　그는 우리가 연속극에서 본 여자지요.

그것은 누가 사 준 목걸이지요?

　이것은 오래 전에 내가 산 거예요.

저분은 중요한 일을 맡은 직원인가요?

　예, 저분은 이 회사에서 중책을 맡은 직원이지요.

그것은 누가 그린 그림이지요?

　이것은 유명한 화가 밀레가 그린 그림이에요.

1 **연습하기**

> **보기**　이것은 전에 읽은 소설입니까?
>
> 　　　　예, 그것은 제가 중학생 때 읽은 소설이에요.

(1) 이것은 엄마가 만든 떡이지요?

　　　아니요, 그것은 누나가 사온 떡입니다.

(2) 저것은 선생님이 쓰신 글씨예요?

　　　예, 제가 쓴 글씨입니다.

(3) 그것은 도서관에서 빌린 책입니까?

　　　예, 그것은 도서관에서 빌린 책입니다.

(4) 그것은 학생이 찍은 사진이지요?

　　　예, 그것은 제가 찍은 사진입니다.

(5) 그것은 사진 작가가 찍은 사진입니까?

　　　예, 그것은 사진 작가가 찍은 사진입니다.

2 **어법**

❶ 명사를 수식하는 동사의 과거형 어미 "–(으)ㄴ"

동사의 어간에 과거형 어미 "–(으)ㄴ"을 첨가하면, 그 뒤에 오는 명사를 수식하는 관형사형으로 된다. 이러한 동사의 관형사형은 과거에 일어났거나 완료된 것을 나타내는 동사로서 뒤따르는 명사를 수식하는 기능을 가진다.

> 예　이것은 내가 맡은 일이다.
>
> 　　집에 간 사람이 다시 왔다.

동사 어간이 자음으로 끝난 경우는 "–은"이 첨가되어 쓰이고, 동사의 어간이 모음으로 끝난 경우는 "–ㄴ"이 첨가되어 쓰인다.

> 예　읽은 책 (이미 읽은 책)　　　쓴 편지 (이미 쓴 편지)

명사 수식의 동사 미래형 어미

4.1 명사 수식어의 미래형 어미

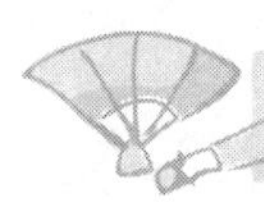

기본 유형 : ―(으)ㄹ

이것은 제가 할 일입니까?
　그래요, 그것은 학생이 할 일입니다.

그는 내년에 외국으로 떠날 사람입니까?
　예, 그는 외국으로 떠날 사람이지요.

이것은 누가 먹을 음식이지요?
　그것은 손님이 드실 음식이지요.

그것은 누가 받을 밥상이지요?
　이것은 할아버지께서 받으실 밥상입니다.

1 연습하기

> 보기 이것은 누가 탈 차입니까?
>   사장 ‥ 그것은 사장이 탈 차입니다.

(1) 이것은 누가 쓸 화장품입니까?

　누나 　‥ 그것은 누나가 쓸 화장품입니다.

(2) 이것은 누가 할 일입니까?

　저 　‥ 그것은 제가 할 일입니다.

(3) 이것은 누가 입을 옷입니까?

　아이 　‥ 그것은 아이가 입을 옷입니다.

(4) 이 일은 누가 맡을 임무입니까?

　직원 　‥ 그 일은 전문 기술 직원이 맡을 임무입니다.

(5) 이것은 누에게 줄 선물입니까?

　어머니 ‥ 그것은 어머니께 드릴 선물입니다.

2 발음

맡을 임무 ⇒ [마틀 임무]	먹을 음식 ⇒ [머글 음식]
받을 밥상 ⇒ [바들 밥쌍]	옷입니다 ⇒ [오심니다]

3 어법

❶ 명사 수식어의 미래형 어미 "–(으)ㄹ"

이는 명사를 수식하는 동사의 미래형 어미 "–(으)ㄹ"을 말한다.

동사의 어간에 첨가되는 어미 "–(으)ㄹ"은 명사 앞에 놓여서, 관형사형 어미 기능을 하며, 미래의 의미를 나타내는 경우가 많다.

 그곳에 갈 사람   (앞으로 가게 될 사람)

믿을 사람   (앞으로 믿을 만한 사람)

다음 표현을 비교해 보면, 그 시제상의 차이를 더욱 잘 알 수 있다.

 간 사람 (이미 간 사람)

　　: 잘못 된 광고를 믿고 여행을 간 사람들이 모두 실망을 하였다.

갈 사람 (앞으로 가게 될 사람)

　　: 주말에 나를 따라 등산을 갈 사람이 누구지?

〈밥상 차림〉

 # 가능성 표현

기본 유형 : –(으)ㄹ 수 있다/없다

외국인이 한국어 신문을 읽을 수 있어요?

　　아니요, 저는 한국어 신문을 읽을 수 없습니다.

한글을 정확히 발음할 수 있어요?

　　예, 저는 한글을 정확히 발음할 수 있어요.

혼자서 여행할 수 있어요?

　　예, 나는 혼자서도 여행할 수 있어요.

1 연습하기

> **보기**　한국어로 말할 수 있습니까?
> 　　　　예, 저는 한국어로 말할 수 있습니다
> 　　　　/ 아니요, 저는 한국어로 말할 수 없습니다.

(1) 이 장난감을 완구점에서 살 수 있어요?

　　예, 이 장난감을 완구점에서 살 수 있습니다.

　　/ 아니요, 이 장난감은 완구점에서 살 수 없습니다.

(2) 저 높은 산에 올라갈 수 있어요?

　　예, 저 높은 산에 올라갈 수 있습니다.

　　/ 아니요, 저 높은 산에는 올라갈 수 없습니다.

(3) 이 무거운 짐을 질 수 있습니까?

　　예, 그 무거운 짐을 질을 수 있습니다.

　　/ 아니요, 그 무거운 짐을 질 수 없습니다.

(4) 시골에 혼자 갈 수 있습니까?

　　　예, 시골에 혼자 갈 수 있습니다.

　　　/ 아니요, 시골에 혼자 갈 수 없습니다.

(5) 이 김치를 먹을 수 있습니까?

　　　예, 저는 그 김치를 먹을 수 있습니다.

　　　/ 아니요, 저는 그 김치가 매워서 먹을 수 없습니다.

2 발음

할 수 있다 ⇒ [할 쑤 이따]	할 수 없다 ⇒ [할 수 업때]
믿을 수 없다 ⇒ [미들 쑤 업때]	입을 수 있다 ⇒ [이블 쑤 이따]

3 어법

❶ 가능성 표현: 동사 어간 + ‒(으)ㄹ 수 있다

동사 어간에 "‒(으)ㄹ"을 첨가하고, 그 뒤에 "‒수 있다"를 추가하면 가능성의 의미를 표시할 수 있다.

> 예　어린 아이들도 한글을 읽을 수 있다.
> 　　우리는 그 단어를 사전에서 찾을 수 있다.

❷ 불가능성 표현: 동사 어간 + ‒(으)ㄹ 수 없다

동사 어간에 "‒(으)ㄹ"을 첨가하고, 그 뒤에 "‒수 없다"를 추가하면 불가능성의 의미를 표시할 수 있다.

> 예　우리는 고기를 맨손으로 잡을 수 없어요.
> 　　우리는 독한 약을 마실 수 없어요.

 방법 표현

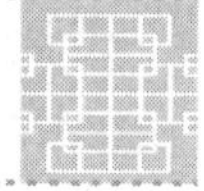

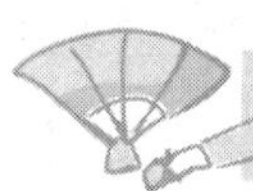

기본 유형 : -(으)ㄹ 줄 알다/모르다

영어를 할 줄 알아요?

예, 영어를 조금 할 줄 알아요.

중국어도 할 줄 알지요?

아니요, 중국어는 할 줄 몰라요.

1 연습하기

> **보기** 외국말을 할 줄 알아요?
>
> 외국말은 할 줄 몰라요.

(1) 좋은 물건을 고를 줄 알지요?

저는 물건을 고를 줄 몰라요.

(2) 운전을 할 줄 알지요?

저는 운전을 할 줄 몰라요.

(3) 만화를 그릴 줄 알아요?

저는 만화를 그릴 줄 모릅니다.

(4) 김치를 담글 줄 모르지요?

예, 저는 김치를 담글 줄 몰라요.

(5) 바다에서 수영할 줄 알아요?

예, 저는 바다에서 수영할 줄 알아요.

2 발음

> 할 줄 알아요 ⇒ [할 쭐 아라요]
> 할 줄 몰라요 ⇒ [할 쭐 몰라요]

3 어법

❶ 방법 표현: "동사 어간 + -(으)ㄹ 줄 알아요/몰라요"

동사 어간에 어미 "-(으)ㄹ"을 첨가하고, 그 뒤에 "-줄 알다/모르다"를 추가하면 어떤 행동의 방법을 알거나, 모른다는 의미를 표시할 수 있다. 한국어에서 이러한 방법의 표현은 가능성의 표현인 "할 수 있어요"나 "할 수 없어요"와 거의 같은 뜻으로 이해되기도 한다.

· "할 줄 알다"의 "줄"은 방법을 나타낸다.

> 예 외국어를 할 줄 알아요. ⇔ 외국어를 할 수 있어요.
> 외국어를 할 줄 몰라요. ⇔ 외국어를 할 수 없어요.

· "할 수 있다"의 "수"는 가능성을 나타내지만, "좋은 수가 있다"의 "수"는 수단이나 방법을 의미한다.

> 예 좋은 수가 있나?   (좋은 방법이 있나?)
> 아무리 생각해도 좋은 수 없어.   (좋은 방법이 없어)
> 무슨 좋은 수가 있으면 말해 주어요. (좋은 방법이 있으면 말해 줘요)

겨우 모면하다

기본 유형 : ―(으)ㄹ 뻔하다

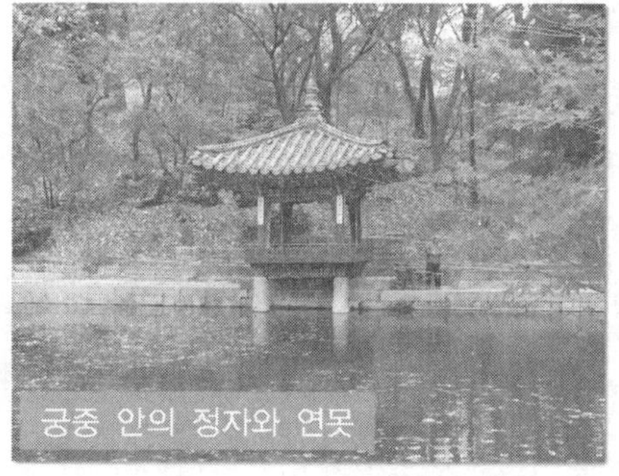

궁중 안의 정자와 연못

사고가 날 뻔했지요?

　예, 큰 사고가 날 뻔했어요.

몸이 다칠 뻔했어요?

　예, 몸을 간신히 피할 수 있었어요.

경찰이 그 범인을 또 놓칠 뻔했지요?

　그래요, 또 그 범인을 놓칠 뻔했어요.

　막 도망가는 범인을 겨우 붙잡았어요.

1 연습하기

> **보기**　이번에 도둑을 맞을 뻔했지요?
> 　　예, 이번에 도둑을 맞을 뻔했어요.

(1) 이번 시험에도 실수 할 뻔했지요?

　예, 또 실수 할 뻔했어요.

(2) 낭떠러지에서 떨어질 뻔했어요?

　예, 낭떠러지에서 떨어질 뻔했어요.

(3) 하마터면 승용차가 화물차와 부딪칠 뻔했지요?

　예, 승용차가 화물차와 부딪칠 뻔했지요.

(4) 이번에도 한국에 못 올 뻔했어요?

　예, 이번에도 한국에 못 올 뻔했어요.

(5) 비행기가 사고 날 뻔했어요?

　　　예, 비행기가 사고가 날 뻔했어요.

2 어법

❶ 겨우 모면함의 표현: 동사의 어간 + "-(으)ㄹ 뻔하다"

이 형태는 어떤 일을 간신히 또는 겨우 모면하였다는 뜻을 표현할 때 쓴다. 대개 위험한 사고나 나쁜 일을 피한 경우에 쓰인다.

　　예　하마터면 연못에 빠질 뻔했어요?

　　　　예, 하마터면 큰 사고가 날 뻔했어요.

　　　이번에도 조심하지 않았으면, 또 불이 날 뻔했어요.
　　　그는 어렸을 때 우물에 빠져 죽을 뻔했어요.

제5과
형용사의 복합형

 형용사의 "하다" 복합형

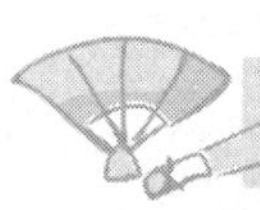 기본 유형 : –아/–어/–여 하다

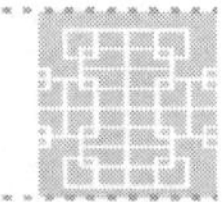

그이가 당신을 좋아해요?

　　예, 그이가 나를 좋아해요.

서영 씨는 누구를 제일 좋아합니까?

　　나는 우리 엄마를 제일 좋아하지요.

아버지는 막내딸을 무척 예뻐하셨지요?

　　예, 아버지는 막내딸을 무척 예뻐했지요.

그는 애인과 헤어지고 나서 아주 슬퍼하지요?

　　그는 반가운 친구의 방문을 받고 기뻐했어요.

> 보기   그가 누구를 좋아합니까?
>   여자 친구 ‥ 그는 여자 친구를 좋아합니다.

(1) 그가 누구를 가장 좋아합니까?

　　막내아들　　‥ 그는 막내아들을 가장 좋아하지요.

(2) 그는 어떤 사람을 싫어하지요?

　　이기주의자 ‥ 그는 이기주의자를 싫어합니다.

(3) 그이는 어떤 사람을 미워하지요?

　　사기꾼　　　‥ 그이는 사기꾼을 미워하지요.

(4) 그는 무엇에 대해서 기뻐하지요?

　　사업의 성공 ‥ 그는 사업의 성공을 기뻐해요.

(5) 선생님은 누구와의 만남을 반가워했지요?

　　옛 제자　　　‥ 선생님은 옛 제자와의 만남을 반가워했어요.

2 어법

❶ "하다" 복합 형용사의 동사화

형용사 어간에 "－아/－어"를 붙이고, 거기에 '하다'를 첨가하면 그 형용사가 동사처럼
쓰일 수 있다.

> 예 나는 그 남자가 좋다.　　　　　 (좋은 느낌을 준다)
>
> 　　그는 자기 아들을 좋아한다.　　 (좋은 느낌을 겉으로 드러내어 동사적
> 　　　　　　　　　　　　　　　　　　 기능을 보인다)
>
> 　　나는 그 남자가 싫다.　　　　　 (싫은 감정을 표시한다)
>
> 　　그 여자는 그 남자를 싫어한다.　(싫어하는 행동을 드러낸다)

"좋다"나 "싫다" 등이 화자의 감정을 나타내는 형용사로 쓰일 경우에는 문장의 주어로

제1인칭만 쓰일 수 있다.

　　〈1〉 그 남자는 그 여자가 싫다.　　　(X)
　　〈2〉 그 남자는 그 여자를 싫어한다.

　〈1〉은 3인칭 주어라서 직접 감정을 표현하는 것이 허용되지 않고, 〈2〉의 "싫어하다"처럼 동사화가 되어야 1인칭 이외의 주어로도 쓰일 수 있다. 그래야 "그 사람/당신은 그 남자를 싫어하지요"와 같이 주어의 선택에 제한이 없다.

형용사	유형	동사화	같은 예
좋다	-아 하다	좋아하다	
싫다	-어 하다	싫어하다	밉다, 즐겁다
예쁘다	-어 하다	예뻐(쁘+어)하다	아프다, 슬프다, 기쁘다

 형용사의 "지다" 복합형

 기본 유형 : -아/-어 지다

민속품을 좋아하는 외국인들

사람들이 점점 많아지지요?

　　예, 사람들이 점점 많아지는군요.

물건 값이 전보다 비싸졌지요?

　　예, 물건 값이 전보다 비싸졌어요.

고속철 기차가 전보다 빨라졌지요?

　　예, 그 기차가 빨라졌어요.

1 연습하기

> **보기** 　요즈음 물건 값이 쌉니까?
> 　　　　비싸지다 ‥ 요즈음 물건 값이 비싸졌어요.

(1) 벌써 날이 밝지요?

　　밝아지다 ‥ 벌써 날이 밝아졌어요.

(2) 이 집 마당이 넓지요?

　　넓어지다 ‥ 이 집 마당이 전보다 좀 더 넓어졌어요.

(3) 그이가 말이 많지요?

　　많아지다 ‥ 그이가 요즈음 말이 많아졌어요.

(4) 수입이 한 달 전보다 줄었지요?

　　줄어지다 ‥ 수입이 한 달 전보다 줄어졌어요.

(5) 아이가 예쁘지요?

　　예뻐지다 ‥ 아이가 더 예뻐졌어요.

❶ 형용사와 "−지다" 복합형의 용법

"지다"는 형용사와 복합하여 동사적 기능을 나타낸다. 이 "지다" 복합형은 형용사를 동사적으로 쓰이게 할 뿐 아니라, "되−"와 같은 피동성을 드러내기도 한다.

> 예 걱정이 많다.　　　("많다"가 형용사로 쓰임)
> 걱정이 많아진다. (형용사 "많다"의 어간이 "−아 지다"와 결합하여 동사적으로 쓰임)
> 교실이 조용하다. ("조용하다"가 형용사로 쓰임)
> 교실이 갑자기 조용해졌다/조용하여졌다.　(동사적으로 쓰임)

형용사	유형	동사화	다른 예들
좋다	−아 지다	좋아지다	많다, 낮다, 높다
싸다	−아 지다	싸지다	비싸다, 차다
똑똑하다	−여 지다	똑똑해지다	뚱뚱하다, 날씬하다, 가난하다 곤란하다, 쓸쓸하다, 한가하다 친절하다, 상냥하다
싫다	−어 지다	싫어지다	얇다, 늦다, 두껍다, 부드럽다, 덥다, 춥다, 젊다, 늙다, 검다
예쁘다	−어 지다	(쁘+어) 예뻐지다	기쁘다, 슬프다, 아프다, 쓰다 바쁘다, 빠르다, 나쁘다

 # 진행형 "–고 있다" 복합형

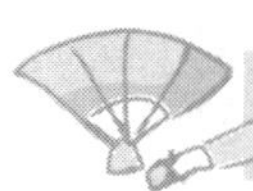

기본 유형 : –고 있다

그는 서울에서 살고 있지요?
　　예, 그는 서울 강북에서 살고 있어요.

아이가 울고 있다가 이제는 웃고 있다.
할아버지는 지금 주무시고 계세요.
아저씨는 아침 일찍부터 산책하고 계세요.
그들은 부지런히 일해서 돈을 벌고 있어요.
우리는 차를 마시고 이야기를 하고 있어요.

1 연습하기

> **보기**　그분은 어디에서 살고 있어요?
> 　　　　농촌 ‥ 그분은 농촌에서 살고 있어요.

(1) 그는 어디에서 일하고 있지요?
　　공장 ‥ 그는 공장에서 일하고 있어요.

(2) 그분은 무엇을 가르치고 있지요?
　　수학 ‥ 그분은 수학을 가르치고 있어요.

(3) 그 사람은 무엇을 만들고 있지요?
　　썰매 ‥ 그 사람은 썰매를 만들고 있어요.

(4) 아버지는 무엇을 하고 계셔요?
　　등산 ‥ 아버지는 등산을 하고 계셔요.

(5) 할머니는 무슨 일을 하고 계시지요?
　　김장 ‥ 할머니는 완두콩을 까고 계셔요.

❶ "동사 + -고 + 있다" 진행형의 용법

진행형은 어떤 동작을 한동안 계속하는 것을 말한다. 한국어에서는 어떤 동작의 진행형으로 "-고 있다/계시다"라는 복합 형태가 많이 쓰인다.

> 예 나의 동생은 공장에서 일하고 있다.　　(주어가 아랫사람일 때)
> 그의 형님도 공장에서 일하고 계신다.　(주어가 윗분일 때)

진행형은 동사의 연결 어미 "-고" 뒤에 "있다"를 보조적으로 사용하는 복합 형태로 표현한다. 그러나 형용사는 이와 같은 진행형을 이룰 수 없다.

> 예 그가 공부하고 있다.　　(○)
> 그가 좋고 있다.　　　　(X)

제6과
동사의 복합형

 부탁·봉사를 뜻하는 동사의 복합형

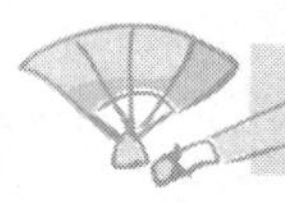 **기본 유형 : -아/-어/-여 주다**

이 꽃을 받아 주세요.

저희를 변함없이 사랑해 주세요.

좀 더 높은 수준의 기술을 가르쳐 주십시오.

선생님, 제가 신문을 읽어 드릴까요?

그래요, 좀 읽어 주세요.

1 연습하기

> **보기** 이 문을 닫을까요?
>
> 예, 그 문을 좀 닫아 주세요.

(1) 이 일을 제가 해결할까요?

예, 그 일을 좀 해결해 주세요.

(2) 제가 그 사람을 만나 볼까요?

　　　예, 그 사람을 좀 만나 보아 주세요.

(3) 제가 이 물건을 사 드릴까요?

　　　그래요, 그렇게 좀 해 주어요.

(4) 제가 그 일을 도와 드릴까요?

　　　그래요, 그 일을 좀 도와주어요.

(5) 지금 이 방을 청소해 드릴까요?

　　　예, 깨끗하게 청소해 주세요.

2 어법

❶ 부탁·봉사 표현: 동사의 어간 + −아/−어/−해 + 주다

예　이 짐을 좀 받아 주세요.　　　　　(협력을 부탁·봉사)

　　선물을 사 주세요.　　　　　　　　(선물을 부탁·봉사)

　　무거운 짐을 좀 들어 드릴까요?　(짐 들어 드리기 봉사)

이와 같이 "−아", "−어", "−여" 등의 동사 어미 다음에 "주다"라는 동사를 사용하면 도와
주는 것이 된다. 이럴 때의 "주다"는 본래의 뜻과는 달리 '부탁·봉사' 의미를 나타낸다.

예　나는 그에게 신문을 주었다. (본동사적 쓰임. 무엇을 전달해 줌)

　　나는 신문을 읽어 주었다.　 ("읽어"와 합성하여 봉사적 의미를 표시)

"읽어 드리다"의 "드리다"는 "주다" 동사의 존대형이다. 윗분에게는 "주다"보다 "드리
다"를 쓰는 것이 정중한 표현이다.

예　저는 선생님께 그 책을 드렸다.　 ("주다"의 존대형)

　　저는 선생님께 책을 사 드렸다.　 (봉사 표시의 존대형)

시도를 뜻하는 동사의 복합형

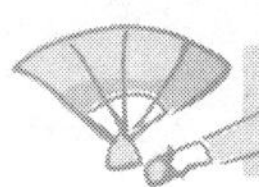

기본 유형 : -아/-어/-여 보다

이 김치를 먹어 보시겠어요?

　예, 그것을 먹어 보지요.

냉면을 먹어 보실까요?

　예, 냉면을 먹어 보겠어요.

여기서 수영을 해 보실까요?

　예, 수영을 한 번 해 보겠어요.

1 연습하기

> **보기**　제가 이 글을 읽어 볼까요?
>
> 　　　　예, 그 글을 읽어 보세요.

(1) 제가 그이를 만나 볼까요?

　예, 그이를 만나 보세요.

(2) 제가 저 산에 올라가 볼까요?

　예, 저 산에 올라가 보세요.

(3) 제가 이 차를 운전해 볼까요?

　예, 그 차를 운전해 보세요.

(4) 우리가 어릴 때 공부하던 학교에 가 볼까요?

　예, 어릴 때 공부하던 학교에 가 보세요.

(5) 이 옷을 입어 볼까요?

　예, 그 옷을 입어 보세요.

2 어법

❶ 시도 표현: 동사 + -아/-어/-해 + 보다

시도 또는 시행이라는 말은 어떤 일을 할 수 있는지 시도하거나 먼저 경험해 보는 것을
의미한다.

> 예　아저씨, 이 돌을 들어 보세요.　　(시도의 뜻)
>
> 　　이 소주를 한 번 들어 보아요.　　(술 맛이 어떤지 먼저 알아보다)

시도의 "-어 보다"의 "보다"는 본래의 "보다(見)"의 뜻과는 다르다.

> 예　나는 그림을 **본다**.　　　　　　(여기에서 "보다"는 본래 동사의 뜻)
>
> 　　나는 그림을 그려 **본다**.　　　　(먼저 시도한다는 뜻)

"그리다" 동사의 어간에 "-어 보다"가 복합되면 '시도'의 뜻을 나타낸다.

6.3　보유를 뜻하는 동사의 복합형 

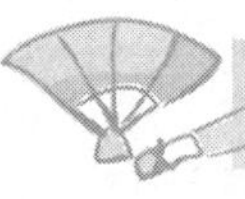 **기본 유형 : -아/-어/-여 두다/놓다**

그 꽃병은 어디에 놓아둘까요?
　예, 책상 위에 놓아두십시오.

많은 돈은 은행에 맡겨 두어야 하지요?
　물론, 은행에 맡겨 두어야지요.

이 연필을 필통에 꽂아 둘까요?
　예, 필통에 꽂아 놓으세요.

> **보기** 학생: 이 책을 어디에 꽂아 놓을까요?
>
> 선생: 책장에 꽂아 놓아라.

(1) 딸　　　： 이 반지는 어디에 맡겨 둘까요?

　　아버지 ： 그 반지는 은행에 맡겨 두어라.

(2) 아들　　： 이 찻잔은 어디에 놓아둘까요?

　　어머니 ： 그 찻잔은 식탁에 놓아두어라.

(3) 손자　　： 그 과자 상자는 어디에 올려놓을까요?

　　할머니 ： 그 과자 상자는 탁자에 올려놓아라.

(4) 손자　　： 이 나머지 돈은 어디에 간직해 둘까요?

　　할아버지 ： 그 나머지 돈은 책상 서랍에 간직해 두어라.

(5) 손녀　　： 이 떡은 어디에 넣어 둘까요?

　　할머니 ： 그 떡은 냉장고에 넣어 두어라.

2 어법

❶ 동사 + -아/-어/-여 두다

위와 같은 유형으로 "두다"를 사용하면 보유한다는 뜻이 있다. "두다" 대신에 "놓다"를 써도 비슷한 의미를 나타낸다.

완결을 뜻하는 동사의 복합형

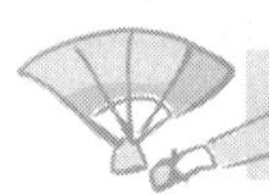
기본 유형 : -아/-어/-여 버리다

너는 그 약속을 잊어버렸니?

　예, 저는 그 약속을 잊어버렸어요.

너는 시계를 어디서 잃어버렸니?

　저는 길거리에서 시계를 잃어버렸어요.

너는 숙제를 잊어버리지 않았니?

　저는 숙제를 벌써 다 해버렸어요.

너는 내가 준 돈을 어디에 다 써버렸니?

　저는 주신 돈을 이웃 돕기에 다 써 버렸어요.

1 연습하기

> **보기**　너는 그 책을 다 읽었니?
> 　　벌써 다 읽어 버렸어요.

(1) 그 돌을 강에 던져 버렸니?

　저는 그 돌을 팔매로 강에 던져 버렸어요.

(2) 누가 이 찻잔을 깨 버렸니?

　제가 실수로 찻잔을 깨 버렸어요.

(3) 그 우유는 네가 마셔버렸니?

　제가 목이 말라서 그 우유를 마셔버렸지요.

(4) 그 헌 옷을 어디에 버렸니?

　어머니께서 그 헌 옷은 걸인에게 주어 버리셨어요.

(5) 이 종이를 찢어 버릴까요?

　　그래, 그 종이를 찢어 버려라.

2 어법

❶ 동사 + -아/-어/-여 + 버리다

위와 같은 동사의 복합형을 쓸 때, "버리다"는 본래의 뜻(捨)과는 달리 완결이라는 뜻을 나타낸다.

> 예　편지를 버렸다.　　　　　(본동사의 뜻으로 쓰임)
>
> 　　편지를 읽어 버렸다.　　　(읽는 동작을 완결했다는 뜻으로 쓰임)

"잊어버리다"와 "잃어버리다"를 혼동하지 않도록 해야 한다.

> 예　그 골치 아픈 문제를 잊어버렸다.　　(기억을 잠시 '망각하다'의 뜻)
>
> 　　내 시계를 길에서 잃어버렸다.　　　　(물건을 '분실하다'의 뜻)

제7과
양보형 어미

7.1 양보형 어미(1)

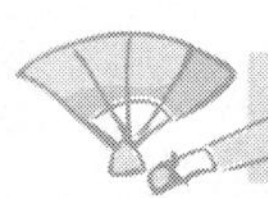 기본 유형 : −아도 / −어도 / −여도

그 문제를 다른 사람이 알아도 되지요?
　그럼요, 누구나 알아도 되지요.

비가 많이 와도 가야지요?
　예, 비가 많이 와도 가야 해요.

그 물건이 비싸도 사겠어요?
　예, 아무리 비싸도 사겠어요.

그 사람을 아무리 사랑해도 소용없지요?
　예, 아무리 사랑해도 소용없어요.

지금 외출해도 됩니까?
　예, 지금 밖에 나가도 괜찮습니다.

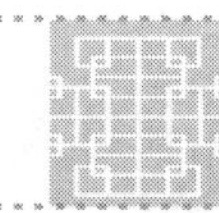

1 연습하기

> **보기** 이 돈을 받아도 됩니까?
>
> 예, 그 돈을 받아도 됩니다. / 아니요, 그 돈을 받으면 안 돼요.

(1) 이 음료수를 마셔도 됩니까?

예, 그 음료수를 마셔도 돼요. / 아니요, 그 액체를 마시면 안 돼요.

(2) 제가 안으로 들어가도 괜찮아요?

예, 들어가도 돼요.　　　　 / 아니요, 안으로 들어오면 안 돼요.

(3) 질문을 해도 좋습니까?

예, 질문을 해도 좋습니다.　 / 아니요, 시간이 끝나서 질문을 하면 안 돼요.

(4) 제가 먼저 가도 돼요?

예, 먼저 가도 돼요.　　　　 / 아니요, 먼저 가면 안 돼요.

(5) 같이 가도 됩니까?

예, 같이 가도 돼요.　　　　 / 아니요, 같이 가면 안 돼요.

2 어법

❶ 양보형 어미 "-아도, -어도, -여도, -도"의 용법

양보형 어미 "-아도", "-어도", "-여도", "-도" 등이 용언의 어간에 첨가되면 "-도"와 비슷한 뜻의 양보 기능을 나타낸다.

양보형	용례	유례
-아도	그것을 받아도 됩니까?	잡아도, 살아도, 보아도
-어도	웃옷을 벗어도 됩니까?	믿어도, 빌어도, 길어도, 입어도
-여도	구경하여도 좋아요?	식사하여도, 산책하여도 청소하여도, 양보하여도
-도	가도 됩니까?	사도, 자도, 타도, 만나도

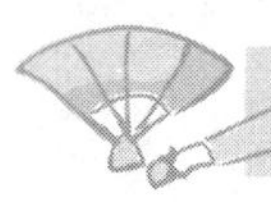

기본 유형 : –더라도

외국말은 어렵더라도 배워야 하지요?

　　예, 외국말은 어렵더라도 배워야 해요.

아무리 공부가 힘들더라도 포기하지 안하야 하지요?

　　예, 힘들더라도 포기하면 안 되지요.

돈이 많더라도 아껴 써야 하지요?

　　그렇죠, 부자라도 돈은 아껴 써야 하지요.

그 책은 비싸더라도 사야 하지요?

　　좋은 책이니까 비싸도 사야 해요.

거리가 좀 멀더라도 걸어가야 하지요?

　　걷기가 건강에 좋으니까 걸어야 해요.

---

1 연습하기

> **보기**　저도 같이 가야 해요?
>
> 　　바쁘다 ‥ 바쁘더라도 같이 가야 해요.

(1) 오늘 꼭 출석해야 해요?

　늦다　‥ 늦더라도 꼭 출석해야 해요.

(2) 이 문제를 풀어야 합니까?

　어렵다 ‥ 어렵더라도 그 문제를 풀어야 합니다.

(3) 이 기계를 사야 해요?

　비싸다 ‥ 비싸더라도 그 기계를 사야 합니다.

(4) 한국어로 말하겠어요?

서틀다   ·· 서틀더라도 한국어로 말하겠어요.

(5) 저 산에 올라가겠어요?

매우 높다 ·· 매우 높더라도 저 산에 올라가겠어요.

2 어법

❶ 양보형 "–더라도"

"–더라도"는 "–아도" 등과 마찬가지로 많이 쓰이는 양보형 어미이다. 동사나 형용사
의 어간 형태 변화 없이 어미 "–더라도"의 첨가로 양보 의미를 나타낼 수 있다. "아무리"
라는 부사와 함께 쓰면 더 양보성이 강조가 된다.

아무리 어렵더라도 그 일은 꼭 하셔야 합니다.
아무리 빨리 뛰어가더라도 그 기차는 탈 수 없다.

7.3 양보형 어미(3)

기본 유형 : –(으)ㄹ지라도

몸이 좀 아플지라도 출석해야 해요.
아무리 화가 날지라도 참으세요.
참여자가 적을지라도 알찬 토론이었어요.
얼굴이 예쁠지라도 마음이 나쁘면 소용없어요.

> **보기**　바쁘다 ‥ 아무리 바쁠지라도 좀 쉬어야 해요.

(1) 건강하다　‥ 아무리 건강할지라도 몸을 조심해야 해요.
(2) 힘들다　　‥ 아무리 힘들지라도 맡은 일은 책임져야 해요.
(3) 돈이 없다　‥ 아무리 돈이 없을지라도 도둑질은 안 해야지요.
(4) 죄는 밉다　‥ 죄는 미울지라도 그 사람은 미워하지 마라.
(5) 높다　　　‥ 산이 아무리 높을지라도 올라가겠습니다.

2 어법

❶ 양보형 어미 "–(으)ㄹ지라도"의 용법

양보형 어미 "–(으)ㄹ지라도"는 "–아도"나 "–더라도"와 마찬가지로 한국말에서 양보의 의미로 자주 쓰인다.

> 예　오늘 비가 **올지라도** 시골로 떠나야 해요.
> 　　오늘 비가 **와도** 시골로 떠나야 해요.
> 　　오늘 비가 **오더라도** 시골로 떠나야 해요.

7.4　양보형 어미(4)

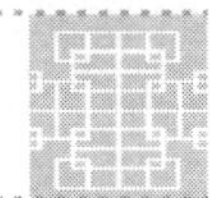

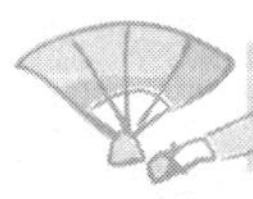

기본 유형 : –(으)ㄹ망정

곤란한 일이 있을망정 최선을 다해야 돼요.
아무리 추울망정 핫바지는 입지 않겠어요.
산이 아무리 높을망정 정상까지 올라가겠어요.
몸이 튼튼할망정 운동을 꼭 해야 해요.

1 연습하기

> **보기** 이번 일요일에 놀러 오시지요?
> 바쁘다 ·· 바쁠망정 이번 일요일에 놀러 가겠습니다.

(1) 오늘도 직장에 나가시겠어요?

몸이 피곤하다 ·· 몸이 피곤할망정 직장에는 나가겠어요.

(2) 오늘 갈 수 있어요?

거리가 멀다 ·· 거리가 멀망정 오늘 갈 수 있어요.

(3) 그를 만나겠어요?

싫다 ·· 그가 싫을망정 한번은 만나지요.

(4) 그 일을 자력으로 하겠어요?

좀 서툴다 ·· 좀 서툴망정 내 힘으로 하겠어요.

(5) 그 여자를 못 만나요?

사랑하다 ·· 그 여자를 사랑할망정 지금은 못 만나요.

2 어법

❶ 양보형 어미 "–(으)ㄹ망정"의 용법

어미 "–(으)ㄹ망정"은 "–아도"와 마찬가지로 자주 쓰이는 양보형 어미다.

> _예 어려움이 **많을망정** 끝까지 도전해 보겠습니다.
> 어려움이 **많아도** 끝까지 도전해 보겠습니다.
> 어려움이 **많더라도** 끝까지 도전해 보겠습니다.
> 어려움이 **많을지라도** 끝까지 도전해 보겠습니다.

❷ "–라도" 또는 "–이라도"의 용법

이 어미는 주로 체언에 첨가된다. 만족스럽지 못한 선택을 할 경우에 자주 쓰인다.

 밥 한 그릇만 주세요.

밥이 없으면 국수라도 주세요.

차가 없으면 자전거라도 타겠어요.

할 일이 없으니 극장에라도 가시지요.

나는 갈 수 없으니 너라도 좀 가면 좋겠다.

제8과
선택의 접속 조사와 어미

8.1 명사의 선택 접속 조사 "-든지"

 기본 유형 : -든지

무엇을 타겠어요?

  기차든지 자동차든지 타겠어요.

무엇을 드시겠어요?

  떡이든지 빵이든지 주십시오.

올 여름에는 어디로 피서 가시겠어요?

  올 여름에는 산이든지 강이든지 피서 가겠어요.

공장 기술자로 남자가 필요하지요?

  남자든지 여자든지 상관이 없습니다.

어느 나라말을 배우겠어요?

  한국어든지 중국어든지 배우겠어요.

> **보기** 어디를 구경하겠어요?
>
>   경복궁, 박물관 ·· 경복궁이든지 박물관이든지 구경하겠어요.

(1) 어느 곳으로 여행하고 싶어요?

  제주도, 완도 ·· 제주도든지 완도든지 여행하고 싶어요.

(2) 무슨 연극을 보고 싶지요?

  희극, 비극   ·· 희극이든지 비극이든지 보고 싶어요.

(3) 무엇을 마시고 싶지요?

  식혜, 수정과 ·· 식혜든지 수정과든지 마시고 싶어요.

(4) 언제 우리 집에 놀러 오시겠어요?

  금주, 내주   ·· 금주든지 내주든지 전화하고 가겠어요.

(5) 누구를 보고 싶지요?

  형, 누나   ·· 형이든지 누나든지 보고 싶어요.

2 어법

❶ 명사의 선택 접속 "–(이)든지"의 용법

두 명사 중에서 어느 하나를 선택하도록 접속해 주는 조사이다. 각 명사의 끝소리가 모음일 때는 "–든지"를 첨가하고, 명사의 끝소리가 자음일 때는 "–이든지"를 첨가한다. 이런 경우에는 그 중의 어느 하나를 선택해도 된다.

  例 나는 소설이든지 시든지 다 좋아해요.

    사과든지 배든지 뭐든지 주십시오.

    친척이든지 친구든지 누구든지 만나 보겠어요.

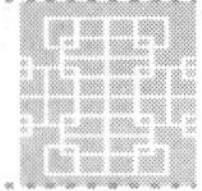

기본 유형 : –(이)나

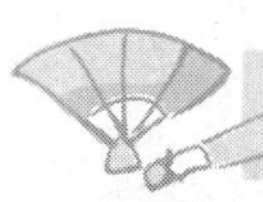

밥이나 국을 한 그릇씩 주시겠어요?
　밥이나 국이나 다 맛있어요.

그 음식은 어른이나 아이나 다 잘 먹을 수 있지요?
　그럼요, 이 음식은 어른이나 아이나 다 잘 먹어요.

이것은 남자나 여자나 다 좋아하지요.
　예, 그것은 남자나 여자나 다 좋아하지요.

밥이나 국수나 다 맛있지요?
　예, 이 집의 음식은 무엇이나 다 맛있어요.

떡국이나 만둣국이나 다 일품이지요?
　떡국이나 만둣국은 물론이고요, 김치나 된장찌개도
최고예요.

1 연습하기

> 보기　고향에 가면 누구를 만나겠어요?
> 　고향 친구, 친척 ·· 고향 친구나 친척을 만나겠어요.

(1) 누구와 상담하시겠어요?
　사장, 부장 ·· 사장이나 부장과 상담하겠어요.

(2) 무엇을 잡수시겠습니까?
　국수, 냉면 ·· 국수나 냉면을 먹겠습니다.

(3) 어디를 가시겠어요?

부산, 목포 ·· 부산이나 목포에 가겠어요.

(4) 세계의 어느 지역 사람이 좋아요?

동양인, 서양인 ·· 동양인이나 서양인이나 다 좋아요.

(5) 언제 지방으로 떠나시겠습니까?

이달, 다음 달 ·· 이달이나 다음 달에 지방으로 떠나겠습니다.

2 어법

❶ 명사의 선택 접속 "-(이)나"의 용법

"-(이)나"가 첨가된 몇 개의 명사 중에서 어느 하나를 선택하는 뜻으로 쓰인다. 혹은 이것이나 저것을 가리지 않고 모두 포함하여 나타낼 때도 쓰이는 조사이다. 또 "-(이)나"가 첨가된 명사 중에서 몇 가지를 선택하여 말할 때도 쓴다. 각 명사의 끝소리가 모음일 때는 "-나"를 첨가하고, 명사의 끝소리가 자음일 때는 "-이나"를 첨가한다.

> 예 명예나 돈이나 둘 중에서 어느 것이 더 좋은가요?
> 배나 사과 중에서 선태하세요?
> 여자나 남자나 다 모였다.
> 그는 한국 사람이나 외국인이나 다 좋아한다.

여러 명사를 선택적으로 나열할 때는 각 명사마다 "-나"나 "-이나"를 쓴다. 이것은 '-든지'의 경우와 비슷하다. 사실상 이들은 서로 교체하여 쓸 수 있다.

> 예 여자나 남자나 아이나 어른이나 모두 만세를 불렀다.
> 여자든지 남자든지 아이든지 어른이든지 모두 다 모였다.

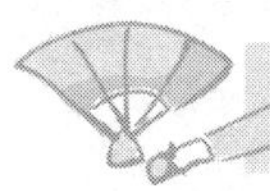

기본 유형 : 의문사 + (이)나/ 든지

그 사람은 무엇이나 다 잘 하지요?

예, 그는 만능의 재주를 가진 사람이지요.

그는 어느 나라말이나 잘 할 수 있지요?

그는 영어, 중국어, 일본어 등 어느 나라말이나 잘 하지요.

그런 일은 누구나 할 수 있지 않아요?

어린 아이도 그런 일은 할 수 있지요.

값이 비싸도 돼요?

값은 얼마든지 상관없어요.

저 학생은 언제든지 열심히 공부하지요?

예, 저 학생은 언제든지 부지런하게 공부하지요.

이런 상품은 어디든지 있지요?

예, 그런 상품은 백화점이나 재래 시장이나 어디든지 있어요.

1 연습하기

> **보기** 그는 무슨 일이나 잘 하지요?
>
>   예, 그는 무슨 일이든지 잘 해요.

(1) 그는 무슨 음식이나 잘 먹지요?

그는 무슨 음식이든지 잘 먹어요.

(2) 누구나 다 만나시겠어요?

예, 누구든지 만나겠어요.

(3) 언제나 방문해도 괜찮아요?

그래요, 언제든지 방문해도 괜찮아요.

(4) 언제나 만나러 가도 좋아요?

예, 언제든지 와도 좋아요.

(5) 그 풀은 어디에서나 볼 수 있지요?

그렇죠, 그 풀은 어디에서든지 볼 수 있어요.

2 어법

❶ 무제한 선택의 용법

무엇, 누구, 언제, 어디, 얼마 등의 의문사가 "－(이)나"나 "－(이)든지"와 결합하면 '무제한' 또는 무한정 선택의 뜻을 나타낸다.

부정사 "아무" 역시 "－(이)나" 혹은 "－(이)든지"와 결합하면, 무제한 표시가 될 수 있다.

> 예 이 돈이면 무엇이든지 살 수 있어요.
>
> 어떤 여자든지 이기적인 남자를 좋아하진 않지요.
>
> 언제나 만날 수 있어요.
>
> 그는 누구든지 좋아합니다.
>
> 아무나 와도 괜찮습니다.
>
> 아무 때나/든지 방문하십시오.

선택형 어미 "-든지"

 기본 유형 : -든지

그 사람이 좋아하든지 싫어하든지 상관없지요?
　예, 나는 상관하지 않아요.

그가 집에 있든지 밖에 있든지 상관없지요?
　예, 나는 그가 어디 있든지 관심 없어요.

그분이 돈이 많든지 적든지 관계없어요?
　나는 돈 문제는 관심이 없어요.

그가 집에 가든지 학교에 남든지 자기 마음대로 할 수 있어요?
　예, 나는 그가 어떻게 하든지 상관 안 해요.

여기에서 기다리든지 돌아가든지 할 수 있어요?
　예, 무엇이든지 자유롭게 할 수 있지요.

1 연습하기

보기　우리도 시골로 이사 갈까요?
　　　나는 도시에서 살든지 시골에서 살든지 상관없어요.

(1) 제가 노래를 부를까요? 춤을 출까요?
　　예, 춤을 추든지 노래를 하든지 하세요.

(2) 남은 일을 오늘 밤에 할까요? 내일 낮에 할까요?
　　밤에 일하든지 낮에 일하든지 마무리만 잘 하세요.

(3) 전화로 말할까요? 편지를 쓸까요?
　　편지를 쓰든지 전화로 말하든지 하세요.

(4) 이 짐을 혼자서 들 수 있어요?

　　　　이 짐은 둘이서 들든지 혼자서 들든지 할 수 있어요.

2 어법

❶ 선택형 어미 "-든지"의 용법

동사나 형용사의 어간 뒤에 "-(이)든지"를 첨가하면 선택의 뜻을 나타낸다. 이런 선택의 뜻으로 쓰일 때는 각각의 동사나 형용사의 어간 뒤에 "-(이)든지"를 첨가하는 것이 보통이다.

> 예　밥을 먹든지 우유를 마시든지 하겠습니다.
> 집에 있든지 밖에 나가든지 하겠어요.
> 꽃을 심든지 말든지 하세요.
> 책이든지 꽃병이든지 한 가지만 가져오세요.

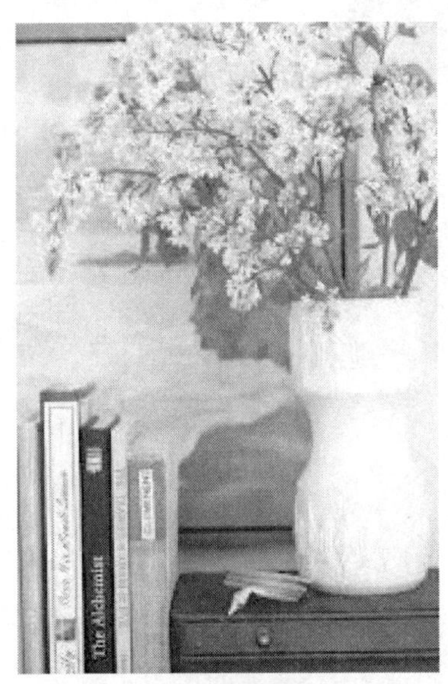

〈책과 꽃병〉

대조 접속형 연결 어미

9.1 대조 접속형 어미 "-(으)나"

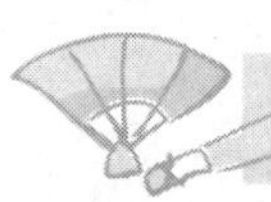

기본 유형 : -(으)나

배추 김치

방 안은 따뜻하나 밖은 많이 춥지요?
　　그래요, 밖은 상당히 추워요.

값은 싸나 물건이 좋지 않지요?
　　그렇죠, 값과 품질이 상반되는 것이죠.

이 배추김치가 맛은 좋으나 너무 맵지요?
　　그 배추김치는 맛은 좋으나 너무 매워요.

> 보기 이 물건이 좋지요?
>
>   값이 비싸다 ·· 값이 비싸나 물건이 좋지요.

(1) 요즘 우리 사회에는 좋은 사람이 드물지요?

　　사람은 많다　　·· 사람은 많으나 좋은 사람이 드물지요.

(2) 좋은 물건을 발견했어요?

　　물건이 많다　　·· 물건이 많으나 좋은 물건을 발견하지 못했어요.

(3) 그는 똑똑하지요?

　　대학을 안 나왔다 ·· 그는 대학을 안 나왔으나 똑똑해요.

(4) 그 청년이 아직 취직하지 못했어요?

　　실력이 있다　　·· 그 청년이 실력은 있으나 아직 취직을 못했어요.

(5) 이웃나라 중국에 자주 못가지요?

　　거리가 가깝다　·· 거리가 가까우나 이웃나라 중국에 자주 못가요.

2 어법

❶ 대조 접속형 연결 어미 "–(으)나"의 용법

동사나 형용사의 어간 뒤에 어미 "–(으)나"가 첨가되면, 대조의 의미를 나타낸다. 곧 접속되는 두 형용사나 동사를 대조적으로 결합하는 기능을 가진다.

> 예 값은 싸나 물건이 안 좋다.
>
>   그 산은 경치가 좋으나 올라가기가 힘들다.
>
>   돈은 있으나 살 것이 없다.
>
>   그이는 얼굴은 예쁘나 얌전하지 않다.

"-으나"로 접속된 하나의 문장을 두 개의 문장으로 나누고, 그 사이에 "그러나"라는 접속어를 삽입하면 두 문장이 대조적인 접속 형식이 된다.

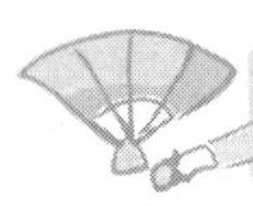

사람은 많으나 유능한 사람은 드물다.

사람은 많다. 그러나 유능한 사람은 드물다.

중국은 거리가 가까우나 다른 나라이기 때문에 방문하려면 여권과 입국 사증이 필요하다.

중국은 거리가 가깝다. 그러나 다른 나라이기 때문에 방문하려면 여권과 입국 사증이 필요하다.

그이들은 가난하나 행복하게 산다.

그이들은 가난하다. 그러나 행복하게 산다.

9.2 대조 접속형 어미 "-지만"

기본 유형 : -지만

외국말은 어렵지만 배워야 하지요?
예, 외국말이 어렵지만 배우겠어요.

말은 많지만 좋은 말은 드물지요?
예, 말이 많아도 쓸 말은 많지 않아요.

시간이 늦었지만 출석해야 하지요?
예, 시간이 늦었지만 출석은 하겠어요.

> 보기 이번 토요일에 우리 집에 놀러 오십시오.
>
>   바쁘다 ·· 이번 토요일에 바쁘지만 찾아뵙겠습니다.

(1) 오늘도 학교에 가시겠어요?

   몸이 아프다 ·· 몸이 아프지만 학교에 가겠습니다.

(2) 이 문제를 풀 수 있겠어요?

   어렵다   ·· 어렵지만 그 문제를 풀 수 있겠습니다.

(3) 외국 여행을 할 때는 여권과 입국 사증이 꼭 필요하지요?

   번거롭다   ·· 번거롭지만 여권과 사증은 꼭 필요해요.

(4) 그 일이 잘 해결될까요?

   말이 많다   ·· 말이 많지만 그 일은 잘 해결될 거요.

(5) 그 사람을 사랑하지요?

   짝사랑이다 ·· 짝사랑이지만 그 사람을 사랑해요.

2 어법

❶ 대조 접속형 어미 "–지만"의 용법

대조 접속형 어미 "–지만"은 "–(으)나"와 마찬가지로 앞뒤 절의 의미를 대조하여 나타내는 데 쓰인다.

> 예 할 일은 많지만 시간이 모자랍니다.
>
>   할 일은 많으나 시간이 모자랍니다.

❷ "–(으)나"와 "–지만"의 임의 교체

"–으나"가 쓰인 대조 접속문은 "–지만"으로 임의 교체할 수 있다. 이 둘 사이에는 의미 차이가 거의 없기 때문이다.

이 과자는 **맛있으나** 많이 먹으면 안 좋다.

이 과자는 **맛있지만** 많이 먹으면 안 좋다.

❸ "그렇지만"의 용법"

"―지만"으로 연결된 하나의 문장을 두 개의 문장으로 나누고, 그 사이에 "그렇지만"이
라는 접속어를 삽입하면, 두 문장이 대조적인 접속 형식이 된다.

사람들은 많지만 똑똑한 사람은 많지 않다.

사람들은 많다. 그렇지만 똑똑한 사람은 많지 않다.

일이 바쁘지만 이 일은 반드시 해야 한다.

일이 바쁘다. 그렇지만 이 일은 반드시 해야 한다.

그 아이는 아직 어리지만 어른처럼 말한다.

그 아이는 아직 어리다. 그렇지만 어른처럼 말한다.

이 음식은 맛이 있지만 너무 비싸다.

이 음식은 맛이 있다. 그렇지만 너무 비싸다.

대조 접속형 어미 "-(은)ㄴ데"

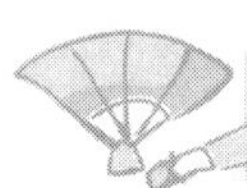 기본 유형 : -(은)ㄴ데

물건은 좋은데 값이 비싸지요?
  그래요, 비싼 값이 문제지요.

바다는 넓은데 배가 없지요?
  그래요, 배가 한 척도 없군요.

날씨가 따뜻한데 바람이 불지요?
  예, 바람이 세게 부는군요.

이 치마는 짧은데 저 치마는 길지요?
  예, 치마의 길이가 서로 다르군요.

1 연습하기

보기   이 차는 빠른데 저 차는 어떻습니까?
  느리다 ·· 이 차는 빠른데 저 차는 느립니다.

(1) 저 산은 높은데 이 산은 어떻습니까?
  낮다 ·· 저 산은 높은데 이 산은 낮습니다.

(2) 이 음식은 짠데 저 음식은 어떻습니까?
  싱겁다 ·· 이 음식은 짠데 저 음식은 싱겁습니다.

(3) 이 천은 부드러운데 저 옷감은 어때요?
  거칠다 ·· 이 천은 부드러운데 저 옷감은 거칠어요.

(4) 이 사람은 키가 큰데 저 사람은 어때요?
  작다 ·· 이 사람은 키가 큰데 저 사람은 작아요.

(5) 이 과자는 단데 저 한약은 어때요?
　　쓰다 ·· 이 과자는 단데 저 한약은 써요.

2 어법

❶ 대조 접속형 어미 "-(으)ㄴ데"의 용법

문장의 앞부분에 주로 형용사가 놓이고, 그 형용사의 어간 뒤에 대조 접속 어미 "-은데"나 "-ㄴ데"가 첨가되면 대조 접속형이 된다. 이 때 그 접속형의 뒷부분에는 그와 대조적인 말이 따르게 된다.

> 예　**이 물건은 예쁜데** 튼튼하지 않지요.
> 　　**그는 마음은 착한데** 행동이 거칠어요.

❷ "그런데"의 용법

대조 접속형 어미 "-은데", "-ㄴ데" 등이 쓰인 하나의 접속 문장을 두 개의 단문으로 바꾸어 말할 수 있다. 그럴 때는 본래의 문장을 두 개의 문장으로 나누고, 그 사이에 "그런데"라는 접속사를 삽입하면 두 문장은 서로 대조적인 문장이 된다.

> 예　이 사람은 똑똑한데 몸이 약하다.
> 　　이 사람은 똑똑하다. 그런데 몸이 약하다.
> 　　이 강은 물이 맑은데 고기가 많지 않다.
> 　　이 강은 물이 맑다. 그런데 고기가 많지 않다.
> 　　좋은 노래는 듣기가 좋은데 부르기는 어렵다.
> 　　좋은 노래는 듣기가 좋다. 그런데 부르기는 어렵다.
> 　　이 집은 살림살이가 곤궁하나 가정생활은 행복하다.
> 　　이 집은 살림살이가 곤궁하다. 그런데 가정생활은 행복하다.

❸ "그런데", "그러나", "그렇지만"의 교체 사용

이 세 가지 접속사는 대조의 뜻을 나타내는 점에서 비슷하므로 서로 교체하여 쓸 수 있다.

> **예** 선수가 많다. **그런데** 일등 선수는 한 명만 나온다.
> 그는 바둑의 천재다. **그러나** 그런 천재는 매우 드물다.
> 그는 열심히 공부한다. **그렇지만** 성적은 별로 좋지 않다.

상황 설명의 연결 어미

10.1　설명 상황 연결 어미 "–는데"

 **기본 유형 : –는데**

저기 사람이 오는데 그는 누구예요?
　　그는 우리 회사 사장이에요.

그는 집에 있는데 아마도 글을 쓰는 듯하지요?
　　그는 글을 쓰는 작가인 듯하군요.

그 애가 문제를 풀었는데 답이 틀렸지요?
　　예, 그 애가 문제를 잘못 푼 듯합니다.

운동장에 사람들이 모였는데 응원하고 있어요?
　　그래요, 운동장에 모인 사람들이 모두 응원단이지요.

1 연습하기

> **보기**　저기 젊은이가 오는데 누구지요?
> 　　　　내 친구 ·· 저기 오는 젊은이는 제 친구예요.

(1) 저기 두 사람이 있는데 누구지요?

　　남학생, 여학생　　　·· 두 사람은 남학생과 여학생이지요.

(2) 손님이 두 분 오셨는데 누구시지요?

　　김 선생님, 박 선생님 ·· 두 분 손님은 김 선생님과 박 선생님이지요.

(3) 어제 시장에 가셨는데 무엇을 사셨지요?

　　옷, 양말　　　　　·· 어제 시장에 가서 옷과 양말을 샀어요.

(4) 길거리에 많은 차가 나왔는데 무엇 때문이죠?

　　시위를 하다　　　·· 시위를 하는 차가 많이 나왔어요.

(5) 이 옷감이 잘 팔리는데 이유가 무엇이죠?

　　빛깔이 좋다　　　·· 빛깔이 좋기 때문이죠.

2 어법

❶ 설명 상황 "–는데"의 용법

한국말에서는 설명 상황 접속 어미로 "–는데"나 "–ㄴ데"를 많이 쓴다. 이 어미는 설명의 상황을 제시하는 기능이 있다.

〈1〉 저기 오는 사람들이 모두 축구 응원단이야.
　　　저기 가는 사람들은 모두 내 친구야.
〈2〉 저기 사람들이 오는데 모두 축구 응원단이야.
　　　저기 사람들이 가는데 모두 내 친구야.

〈1〉과 같이 한 문장으로 이어서 말할 수도 있지만, 한국어의 일상 대화에서는 〈2〉와 같이 설명 상황 접속 어미 "–는데"를 사용하는 일이 많다.

 ## 부탁 상황 연결 어미 "는데, ―(으)ㄴ데" 

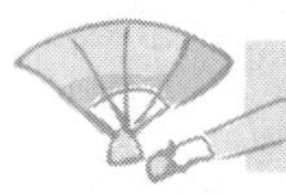 **기본 유형 : ―는데, ―(으)ㄴ데**

제가 가야금을 모르는데 좀 가르쳐 주시겠어요?
　예, 가야금은 한국의 전통 음악 악기지요.

제가 부산에 가고 싶은데 도와주시겠어요?
　서울역에서 고속열차를 타면 빨리 갈 수 있어요.

제가 탈춤을 보려고 하는데 어디 가서 볼 수 있는지 말씀해 주시겠어요?
　예, 서울 놀이마당에 가면 볼 수 있지요.

제가 한국말을 잘 못하는데 통역을 해 주시겠어요?
　예, 간단한 말이면 통역을 해드리죠.

1 연습하기

> **보기**　제가 학장님을 만나고 싶은데 소개를 해 주시겠어요?
> 　　　학장님을 만나고 싶으면 소개해 드리겠습니다.

(1) 그 남자와 이야기하고 싶은데 도와주시겠어요?
　가능한 대로 도와 드리겠습니다.

(2) 돈이 필요한데 빌려 주실 수 있어요?
　많은 돈이 아니면 빌려 드리겠습니다.

(3) 단추가 떨어졌는데 좀 꿰매어 주시겠어요?
　단추가 떨어졌으면 꿰매어 드리겠습니다.

(4) 양복을 한 벌 맞추고 싶은데 어디가 잘 해요?
　양복을 맞추고 싶으면 제 단골집을 소개하겠습니다.

(5) 이 어린애가 시끄럽게 떠드는데 조용히 해 주십시오.
　　그 어린애가 시끄럽게 떠들면 조용히 시키겠습니다.

2 어법

❶ 부탁 상황 연결 어미 "는데, -(으)ㄴ데"의 용법

〈1〉 좀 도와주시겠어요?
〈2〉 제가 일이 급한데 좀 도와주시겠어요?

〈1〉 같이 가시겠어요?
〈2〉 제가 여행을 하는데 같이 가시겠어요?

대개 〈1〉과 같이 말하면 그런 요청이나 지시를 하는 이유 또는 상황이 주어지지 않았
으므로 청자는 화자에게 부탁을 받고서 주저할 수도 있다. 그러나 〈2〉와 같이 화자가
처한 상황을 먼저 밝히면, 부탁이나 요청을 하는 이유가 드러나므로 대화가 더 부드럽게
된다.

10.3　암시적 상황 연결 어미 "는데, -(으)ㄴ데"

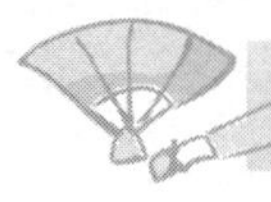

기본 유형 : -는데, -(으)ㄴ데

저기 사람이 오는데….
그 사람은 제 친구인데….
제가 가방을 사려고 하는데….
제가 한국말을 잘 못하는데요….
제가 시골에 가려고 하는데요….

> **보기** 저기 두 사람이 오는데….
>
> (하나는 내 친구이고 다른 하나는 모르는 사람이네요)

(1) 제가 사장님을 만나고 싶은데요….

____

(2) 내가 돈이 필요한데….

____

(3) 사람들이 운동장에 많이 모였는데….

____

(4) 제가 구두를 한 켤레 사고 싶은데요….

____

(5) 오늘 날씨가 퍽 좋은데요….

____

2 어법

❶ 암시적 상황의 표시

설명이나 지시를 할 때 용언의 어간에 암시적 상황을 나타내는 어미 "－는데"까지만 표시하고, 그 뒷부분은 말을 표현하지 않은 상태로 암시만 하는 것이다.

간접 화법

11.1   서술문의 간접 화법 "ㄴ/는다고"

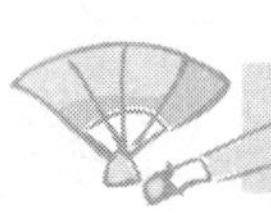 **기본 유형 : –ㄴ/는다고**

내일 떠난다고 말했어요?

> 예, 나는 내일 떠나겠다고 말했지요.

그가 선생을 만나겠다고 전화로 말했지요?

> 예, 그가 나를 만나겠다고 했어요.

그들은 한국 민속품이 참 예쁘다고 말했지요?

> 예, 그들이 한국 민속품이 참 예쁘다고 말했어요.

그 젊은이는 요즈음 논에서 일한다고 했지요?

> 예, 그는 요즘 농사일을 한다고 했어요. 모심기, 논 갈기, 김매기 등 농사일을
> 한답니다.

그는 농사일이 힘들다고 말하지 않았어요?

> 예, 그는 힘들지만 농촌에 일손이 모자라니까 자기라도 농사일을 해야 한다고
> 말했어요.

> **보기** 그들은 내일 시골에 갑니까?
>
> 　　　 예, 그들은 내일 시골에 간다고 했어요.

(1) 그들은 지난 토요일에 고궁에 갔다고 말했어요?

　　　예, 그들은 지난 토요일 고궁에 갔다고 말했어요.

(2) 그 작가가 이 소설을 썼다고 하지요?

　　　예, 그 작가가 이 소설을 썼다고 해요.

(3) 그가 한국 민속촌에 가보았다고 했어요?

　　　예, 그는 한국 민속촌에 가보았다고 했어요.

(4) 그 여자가 이 편지를 한글로 썼다지요?

　　　예, 그 여자가 이 편지를 한글로 썼다고 말했어요.

(5) 그들이 한국 문화를 연구했다지요?

　　　예, 그들은 한국 문화를 연구했다고 했어요.

2 어법

❶ 서술문 간접 화법의 용법

어떤 일에 대하여 서술하는 문장 뒤에 "－는다고" 또는 "－ㄴ다고"를 덧붙이고 이어서
"말하다"나 "하다"를 첨가하면, 그 서술하는 문장의 내용을 간접적으로 전달하게 된다.

　　　예　아드님이 일을 열심히 해요. 　　　　(직접 화법)

　　　　　그가 농촌에서 일해요.

　　　　　아기가 밥을 잘 먹는다.

　　　　　그 애가 일을 열심히 한다고 해요. 　　(간접 전달)

　　　　　그가 농촌에서 일한다고 해요.

　　　　　아기가 밥을 잘 먹는다고 해요.

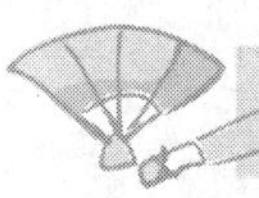

기본 유형 : –(느)냐고 묻다

나에게 어디가 아프냐고 물었지요?
  예, 선생님께서 좀 불편하신 듯해서요.

나에게 오후에 어디 있느냐고 물었지요?
  아니요, 어디에 계시냐고 묻지 않았어요.

엄마가 아들에게 어디 가느냐고 물었지요?
  예, 엄마는 가족에게 관심이 많으니까요.

그가 나에게 오늘 기분이 어떠냐고 물었지요?
  예, 나는 기분이 괜찮다고 말했어요.

1 연습하기

> **보기** 조카   : 아저씨 어디 가세요?
>   아저씨 : 조카가 나에게 어디 가느냐고 물었다.

(1) 조카   : 이 옷값이 싸요?
   아주머니 : 조카가 나에게 이 옷값이 싸냐고 물었다.

(2) 젊은이   : 할아버지, 연세가 많으시지요?
   늙은이   : 젊은이가 나에게 나이가 많으냐고 물었다.

(3) 나그네   : 이 동네 이름이 무엇이지요?
   동네 사람 : 나그네가 이 동네 이름이 무엇이냐고 물었다.

(4) 외국인   : 근처에 싼 여관이 있어요?
   마을 사람 : 외국인이 근처에 싼 여관이 있느냐고 물었다.

(5) 주인 : 한국 인형이 어때요?

　　손님 : 주인이 한국 인형이 어떠냐고 물었어요.

2 어법

❶ 의문문 간접 화법의 용법

어떤 사람이 묻는 문장에 끝에 쓰인 서술어의 어간 뒤에 "−(느)냐고 물었다"라는 말을 첨가하여 사용하면 의문문의 간접화법이 된다.

〈모심기〉

 명령문의 간접 화법 "–(으)라고"

 **기본 유형 : –(으)라고**

누가 그에게 먼저 가라고 말했지요?
　형님이 그에게 먼저 집에 가라고 말했어요.

친구가 나에게 무엇을 사라고 말했지요?
　친구는 나에게 한국어 책을 사라고 말했지요.

언니가 나에게 선생님을 만나라고 말했지요?
　언니는 나에게 선생님을 만나라고 말했어요.

1 연습하기

> **보기**　진우야, 너는 여기 앉아라.
> 　그가 나에게 거기에 앉으라고 말했다.

(1) 정아야, 이리 오너라.
　진우가 나더러 이리 오라고 말했다.

(2) 미영아, 주말에 할머니 댁에 가보아라.
　엄마가 나에게 주말에 할머니 댁에 가보라고 말했다.

(3) 정아야, 이 영화가 재미있으니 꼭 보아라.
　진우가 나더러 그 영화를 꼭 보라고 말했다.

(4) 정아야, 너는 나중에 오너라.
　진우가 나에게 나중에 오라고 했다.

(5) 정아야, 놀이마당에서 농악을 구경해라.
　진우가 나에게 놀이마당에서 농악을 구경하라고 말했다.

❶ 명령의 간접 화법

명령을 간접적으로 전달하기 위해서는 문장 끝에 오는 동사의 어간 뒤에 "－라고 말하다"라는 구절을 첨가한다.

> 예 어머니는 나에게 늘 **"열심히 공부해라" 하고** 말씀하셨다. (직접 화법)
>
> 어머니는 나에게 늘 열심히 **공부하라고** 말씀하셨다.　　(간접 화법)

11.4 청유문의 간접 화법 "－자고"

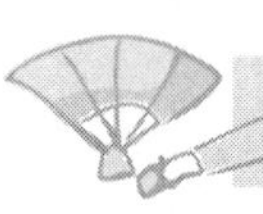

기본 유형 : －자고 말하다

그가 나에게 같이 가자고 말했지요?
　예, 그는 같이 가자고 말했어요.

그 여자가 나에게 춤추자고 말했지요?
　예, 자기와 춤추자고 했지요.

그가 나에게 무엇을 하자고 말했지요?
　예, 그가 낚시질을 하자고 말했어요.

누가 새 냉장고를 사자고 말했지요?
　예, 누나가 그렇게 말했어요.

1 연습하기

> **보기**　주미야, 한국 문화를 공부하자.
> 　　　　친구는 나에게 한국 문화를 공부하자고 말했다.

(1) 주미야, 시내로 나가자.

　　오빠는 나더러 시내로 나가자고 말했다.

(2) 주미야, 주말에 여행을 하자.

　　언니가 나에게 주말에 여행을 하자고 말했다.

(3) 주미야, 이 영화가 재미있으니 같이 보자.

　　선배가 나더러 그 영화를 같이 보자고 말했다.

(4) 주미야, 오늘 오후에 만나자.

　　선배가 오늘 오후에 만나자고 했다.

(5) 주미야, 토요일 저녁에 연극을 구경하자.

　　선배가 토요일 저녁에 연극을 구경하자고 말했다.

2 어법

❶ 간접 청유법

청유법을 간접으로 전달하기 위해서는 문장 끝에 오는 동사의 어간 뒤에 "-자고 말하
다"를 덧붙인다. 청유법의 간접 화법은 상대에게 어떤 일을 같이 하자고 제안한 것을
간접으로 전달하는 말하기 방법이다.

 # 화법의 변환 연습

다음에서 오빠가 한 말을 간접 화법으로 바꾸어 보자.

> **보기**　오빠: 이 떡이 참 맛있다.
> 　　　　주미: 오빠가 이 떡이 참 맛있다고 말했어요.

(1) 오빠: 이 과자가 참 맛있다.

　　주미: ____

(2) 오빠: 이 이야기가 재미있어.

　　주미: ____

(3) 오빠: 서울 밤거리가 번화하군.

　　주미: ____

(4) 오빠: 가을 단풍이 참 아름답다.

　　주미: ____

(5) 오빠: 단풍 구경꾼이 아주 많다.

　　주미: ____

(6) 오빠: 지금 집에 누가 왔니?

　　주미: ____

(7) 오빠: 서울 밤경치가 아름답지?

　　주미: ____

(8) 오빠: 너무 늦으니 너는 먼저 가라.

　　주미: ____

(9) 오빠: 너는 집에 있어라.

　　주미: ____

(10) 오빠: 이 수정과가 맛있으니 마시자.

　　주미: ____

제12과
명사화

12.1 "–기" 명사화

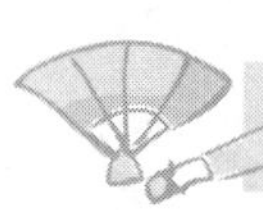 기본 유형 : 용언의 어간 + –기

한글은 배우기가 쉽지요?
    예, 한글은 배우기 쉬워요.

이 옷이 보기가 좋지요?
    예, 그 옷이 보기 좋아요.

이 꽃은 참 예쁘기도 하지요?
    예, 그 꽃은 정말 싱싱하고 예쁘기도 하네요.

저 아이가 왜 울기만 하지요?
    글쎄요, 그 애가 왜 울기만 하는지 모르겠어요.

그 사람은 주는 것 없이 밉기만 하지요?
    예, 그이는 주는 것 없이 밉기만 해요.

보기 좋은 떡이 먹기도 좋다는 말이 있지요?
    예, 겉모양이 좋으면 속도 좋다는 말이지요.

일은 옆에서 보기는 쉽지만 직접 하기는 어렵지요?
    예, 남의 일을 비판하기 쉬워도 자기가 직접 하기는 어렵다는 것이지요.

1 연습하기

> **보기**　진우 씨는 음악을 듣기 좋아하지요?
> 　　　　예, 저는 음악을 듣기 좋아해요.

(1) 이 그림은 보기 좋지요?

　　　예, 그 그림은 보기 좋아요.

(2) 외국말은 듣기가 쉽지 않지요?

　　　예, 외국말은 듣기 쉽지 않아요.

(3) 그 옷은 입기가 편하지요?

　　　예, 이 옷은 입기가 편해요.

(4) 이 길은 걷기가 불편하지요?

　　　예, 그 길은 걷기가 불편해요.

(5) 그 아이가 달리기를 좋아하나요?

　　　예, 그 아이는 달리기를 좋아해요.

2 어법

❶ 명사화의 용법

　"명사화"란 동사나 형용사의 어간에 명사화 접미사 "－기"나 "－(으)ㅁ"을 첨가하여 명사처럼 쓰이도록 하는 것을 말한다. 이 때 동사나 형용사의 본래 기능은 그대로 살아 있으므로 동사이면서 명사 노릇을 하는 것이다. 이런 점에서 "동명사"라고도 한다.

　명사화 접미사 "－기"는 두루 쓰인다. 대부분의 동사는 이 "－기"를 붙이면 동사 기능과 함께 명사의 구실을 한다.

> **예** 이 세상을 살기가 어렵다.
> 　　　그 사람은 믿기 어렵다.

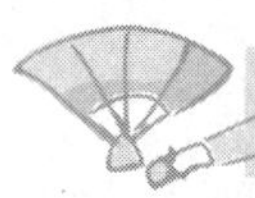

기본 유형 : 용언 어간 + –(으)ㅁ

> 그 사람은 믿음이 강하지요?
>> 예, 그는 믿음이 강해요.
>
> 한강에 얼음이 얼었지요?
>> 예, 얼음이 두껍게 얼었어요.
>
> 마음이 약한 여자는 울음이 많지요?
>> 예, 그런 여자는 울음이 많은 편이지요.
>
> 그의 얼굴에는 늘 웃음을 띠고 있지요?
>> 예, 그는 늘 밝은 웃음을 띠고 있지요.

1 연습하기

> 보기   웃음 ·· 그는 얼굴에 늘 웃음이 피어있다.

(1) 슬픔   ·· 그는 애인과 헤어지고 슬픔에 잠겨 있다.
(2) 죽음   ·· 우리는 누구나 죽음을 피할 수 없다.
(3) 얼음   ·· 아이들은 얼음 과자를 좋아한다.
(4) 배움   ·· 그는 젊었을 때 배움의 길을 떠나지 않았다.
(5) 어려움 ·· 그는 온갖 어려움을 이겨냈다.

2 어법

❶ "–(으)ㅁ" 명사화의 쇠퇴

"–(으)ㅁ" 명사화란 동사나 형용사의 어간에 "–음"이나 "–ㅁ"을 덧붙여서 명사와 동사/형용사의 기능을 보이는 것이다.

예 그 사람의 웃음은 보기 좋다.
이 강의 흐름은 빠르다.

그런데 이 "-음"이나 "-ㅁ" 명사화는 현대어에서는 매우 드물게 쓴다. 아직도 명사화
되어 쓰이는 것들은 다음과 같다.

· **-음**: 울음, 웃음, 믿음
· **-ㅁ**: 흐름, 가뭄, 기쁨, 즐거움, 슬픔, 바름, 아픔, 싸움, 쌈

등이 명사화 형태로 쓰이고, 그 외의 동사나 형용사들은 이 방식의 명사화가 어색하다.
일부 축약되어 명사화한 동명사로는 "삶"('살다'의 명사화), "앎"('알다'의 명사화), "빎"
('빌다'의 명사화) 등이 있다.

❷ 명사화가 어색한 동사나 형용사들의 예

예 탐(타다), 감(가다), 옴(오다), 삼(사다), 얻음(얻다), 바름(바르다), 늦음
(늦다), 빠름(빠르다), 씀(쓰다), 빌림(빌리다), 짬(짜다), 높음(높다), 낮
음(낮다), 핌(피다)

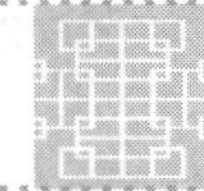

기본 유형 : -는 것

보는 것이 믿는 것이지요?
예, 직접 보는 것이 확실하지요.

아이가 웃는 것은 보기가 좋지요?
그렇죠, 우는 것보다 웃는 것이 보기 좋지요.

날마다 노는 것은 힘든 일이지요?
그래요, 놀기만 하면 지루하지요.

남이 하는 것을 보고 따라 하는 것은 쉽지요?
예, 자기가 먼저 하는 것보다 쉽지요.

글을 잘 쓰는 것은 연습에 달려 있는 것이지요?
연습을 많이 하는 것은 글쓰기 공부에 중요해요.

말만 많다는 것은 실천이 적다는 것이지요?
그렇죠, 실천은 없고 말만 많으면 문제지요.

1 연습하기

보기 외국어를 배우는 것은 쉬운 일이 아니지요?
외국어를 배우기는 쉬운 일이 아니지요.

(1) 하루 종일 노동하는 것은 어려운 일이지요?
그럼요, 하루 종일 노동하기는 어려운 일이지요.

(2) 아이를 키우는 것은 쉽지가 않지요?
예, 아이를 키우기는 쉽지 않아요.

(3) 병을 치료 받는 것은 고통스러운 일이지요?

그래요, 병을 치료 받기는 고통스러운 일이지요.

(4) 사랑하는 것과 좋아하는 것은 다르지요?

예, 사랑하기와 좋아하기는 다르지요.

(5) 겉으로 보는 것과 실제로 일하는 것은 다르지요?

그렇죠, 겉으로 보기와 실제로 일하기는 다르지요.

2 어법

❶ 명사화 대용형 "-는 것"

명사화 대용형 "-는 것"은 앞에서 본 "-기, -(으)ㅁ" 명사화와는 어법적으로 다르다. 그러나 일상 대화에서는 이 형태가 널리 쓰인다. 현대 한국어에서는 "-(으)ㅁ" 명사화는 점점 줄고, 오히려 이 "-는 것" 형태가 두루 쓰인다.

웃는 것 ↔ 웃기 ↔ 웃음	아는 것 ↔ 알기 ↔ 앎
사는 것 ↔ 살기 ↔ 삶	배우는 것 ↔ 배우기 ↔ 배움
보는 것 ↔ 보기 ↔ ?봄	먹는 것 ↔ 먹기 ↔ ?먹음
치는 것 ↔ 치기 ↔ ?침	하는 것 ↔ 하기 ↔ ?함

"?" 표를 한 것은 잘 안 쓰거나 어색한 것들이다. 이와 같이 "-(으)ㅁ" 명사화는 현대 한국어에서는 잘 안 쓰이므로, 함부로 쓰는 것은 바람직하지 않다.

 간접 의문 명사화

기본 유형 : -는지, -(으)ㄴ지, -(으)ㄹ지

그 친구가 언제 올지 모르지요?

　　예, 그가 언제 올지 몰라요.

저분이 누구인지 알 수 있어요?

　　아니요, 저분이 누구인지 알 수 없어요.

저분이 어디 가는지 모르겠지요?

　　예, 저분이 어디 가는지 모르겠어요.

그분이 어디가 얼마나 아픈지 알 수 있어요?

　　아니요, 그분 자신밖에는 아무도 모르지요.

내일은 그가 집에 있을지 모르지요?

　　글쎄요, 집에 있을지 없을지 모르지요.

그가 한국어를 얼마나 배웠는지 알아요?

　　그는 아마도 한국어를 조금 배웠을 겁니다.

그가 벌써 비행기를 탔을까요?

　　그이가 비행기를 탔는지 안 탔는지 알 수 없지요.

1 연습하기

> **보기**　그 사람이 어디 가는지 알아요?
>
> 　　　　아니요, 그 사람이 어디 가는지 몰라요.

(1) 그 친구가 어디 있는지 알아요?

　　아니요, 그 친구가 어디 있는지 몰라요.

(2) 그가 언제 올지 알아요?

　　　아니요, 그가 언제 올지 몰라요.

(3) 그가 어느 나라에서 왔는지 알아요?

　　　아니요, 그가 어느 나라에서 왔는지 몰라요.

(4) 그 친구가 지금 직장에 있는지 없는지 아세요?

　　　아니요, 그 친구가 지금 직장에 있는지 없는지 몰라요.

(5) 그 외국인이 무엇을 하려고 여기에 왔는지 알아요?

　　　아니요, 그 외국인이 무엇을 하려고 여기에 왔는지 몰라요.

2 어법

❶ 간접 의문 명사화의 용법

간접 의문 명사화는 "−(으)ㄴ지, −는지, −(으)ㄹ지" 등을 앞 동사/형용사에 첨가하여
만든다. 그 동사/형용사의 앞에는 누구, 어떤, 어디 등 의문사가 쓰이는 것이 보통이다.
이 의문 명사화 뒤에는 "알다", "모르다" 등이 따른다.

> 예　그가 누구인지 알아요?
> 　　그가 어떤 사람인지 몰라요.
> 　　그이는 어디에 사는지 알 수 없다.

❷ 시간 표시 명사화 "−(으)ㄴ 지"의 용법

시간 표시 명사화 "−(으)ㄴ 지"는 '~한 이래(以來)' 또는 '~한 이후(以後)'라는 뜻을 나타
낸다.

> 예　그가 죽은 지 2년이 지났다.
> 　　그가 여기에 온 지 3개월이 되었다.
> 　　내가 학교를 졸업한 지 15년이 넘었다.
> 　　그 사람이 한국을 떠난 지 2년이 흘렀다.

김 선생님은 결혼한 지 얼마나 되었어요?

❸ 간접 의문 명사화 표

시제/상/서법	명사화 어미	동사	존재사	형용사	지정사
현재/지속	-는지/-ㄴ지	입는지	있는지	좋은지	책인지
과거/완료	-(으)ㄴ지 -었는지 -었었는지 -(었)던지	입은지 입었는지 입었었는지 입(었)던지	있었는지 있었는지 있었던지	좋았는지 좋았었는지 좋(았)던지	(책)이었는지 (책)이었었는지 (책)이(었)던지
미래/추정	-(ㄹ)지 -(으)ㄹ는지 -겠는지	입을지 입을는지 입겠는지	있을지 있을는지 있겠는지	좋을지 좋을는지 좋겠는지	(책)일지 (책)일는지 (책)이겠는지
완료/추정	-었을지 -었을는지	입었을지 입었을는지	있었을지 있었을는지	좋았을지 좋았을는지	(책)이었을지 (책)이었을는지

제13과
사동법과 피동법

13.1 접미 사동법

 기본 유형 : -이-, -히-, -기-, -리-, -우-, -추- 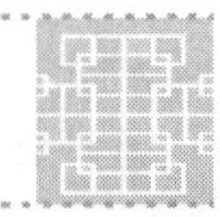

그 친구가 남을 속입니까?

예, 친구라는 사람이 남을 속였어요.

누가 아이를 울립니까?

그 개구쟁이가 아이를 울려요.

신랑과 신부가 예식장에서 입을 맞추었나요?

예, 그들은 혼인식을 한 뒤에 입을 맞추었어요.

어머니가 아이에게 젖을 먹이지요?

예, 그 어머니는 분유 대신에 모유를 먹이지요.

언니가 동생에게 책을 읽히지요?

예, 언니는 동생의 책읽기를 도와주지요.

그 친구는 사람들을 많이 웃기지요?

예, 그 친구는 사람들을 너무 많이 웃겨요.

> 보기   농부가 소에게 무엇을 먹이지요?
>
> 여물 ‥ 농부가 소에게 여물을 먹이지요.

(1) 그가 누구를 속였어요?

순진한 사람 ‥ 그가 순진한 사람를 속였어요.

(2) 누나가 누구에게 옷을 입혀 주었지요?

동생   ‥ 누나가 어린 동생에게 옷을 입혀 주었어요.

(3) 그 연사가 누구를 웃겼지요?

청중들   ‥ 그 연사는 청중들을 웃겼어요.

(4) 그가 누구에게 기쁜 소식을 알렸지요?

가족   ‥ 그는 가족에게 기쁜 소식을 알렸어요.

(5) 누가 외국 학생들에게 한국어 문장을 읽혔지요?

선생님   ‥ 선생님이 외국 학생들에게 한국어 문장을 읽혔어요.

2 어법

❶ 사동법 만들기

사동자	피사동자	목적어	사동사
어머니가	아이에게	젖을	먹인다.

- **사동자** : 피사동자에게 동작을 하게 만드는 사람이다.
- **피사동자** : 사동자의 작용에 따라 행동을 하는 사람이다.
- **목적어** : 사동사의 목적 대상어 구실을 한다.
- **사동사** : 사동 행위를 하게 만드는 동사이다.

❷ 접미사에 의한 사동법

사동법은 사람이 어떤 행동을 하게 만드는 어법을 말한다. 한국어에는 이 사동법이 발달되어 있어서 일상 언어생활에 자주 쓰인다. 사동법을 쓰려면 동사의 어간 다음에 "-이-, -히-, -기-, -리-, -우-, -추-" 등을 삽입한다.

> 예 선생님이 외국 학생에게 한국어 문장을 읽힌다.
> 교통사고를 낸 사람이 경찰에게 그의 신분증을 보였다.

그러나 사동법을 이루는 접미사는 그렇게 많지 않다. 대개 다음과 같은 사동 접미사들이 여러 동사와 결합하여 사동법을 만들 수 있다.

❸ 접미 사동법이 가능한 동사

동사	사동법 접미사	사동형	같은 유형의 동사
보다	-이-	보이다	먹이다, 죽이다, 줄이다
읽다	-히-	읽히다	먹히다, 입히다, 잡히다
안다	-기-	안기다	웃기다, 맡기다, 벗기다
살다	-리-	살리다	놀리다, 말리다, 울리다
깨다	-우-	깨우다	메우다, 지우다, 재우다
갖다	-추-	갖추다	늦추다, 들추다, 맞추다

사동법에 쓰이는 접미사는 많지 않으므로 이것만으로는 모든 동사에 사동법을 만들 수가 없다. 그래서 장형 사동문 형식으로 동사의 어간에 "-게 하다(만들다)"를 보충하여 쓴다.

 # 장형 사동법 "-게 하다/만들다"

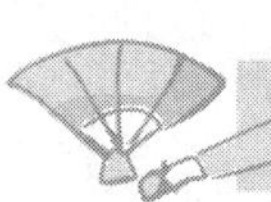 **기본 유형 : 동사 어간 + -게 하다/만들다**

엄마가 아이를 공부하게 했나요?

　예, 엄마가 아이를 공부하게 했어요.

사장이 직원들을 일하게 만들었나요?

　예, 사장이 직원들을 일하게 했어요.

범죄자가 그 사람을 죽게 만들었지요?

　예, 범죄자가 그 사람을 죽이고 도망쳤지요.

그 배우는 늘 사람들을 웃게 만들지요?

　예, 그 배우는 늘 사람들을 즐겁게 하지요.

1 연습하기

> **보기**　농부가 소에게 무엇을 먹게 했지요?
>
> 　여물 ·· 농부가 소에게 여물을 먹게 했어요.

(1) 마술사가 누구를 속게 만들었어요?

　관중들 ·· 마술사가 관중들을 속게 만들었어요.

(2) 의사가 누구에게 손을 씻게 했지요?

　환자　·· 의사가 환자에게 손을 씻게 했어요.

(3) 그 연사가 누구를 웃게 만들었어요?

　청중들 ·· 그 연사가 청중들을 웃게 만들었어요.

(4) 그가 누구에게 기쁜 소식을 알게 했지요?

　가족　·· 그가 가족에게 기쁜 소식을 알게 했어요.

(5) 누가 외국 학생들이 한국어를 잘 하게 만들었지요?
　　선생님 ‥ 선생님이 외국 학생들이 한국어를 잘 하게 만들었지요.

2 어법

❶ 장형 사동법 "-게 하다/만들다"의 용법

일반적으로 장형 사동법은 "-게 하다/만들다"를 사용하여 사람에게 어떤 행동을 하게 만드는 어법을 말한다. 대개 장형 사동법으로 표현된 문장은 접미사에 의한 접미 사동법의 문장보다 긴 사동 문장이 된다. 접미 사동법은 접미사의 쓰임이 한정되어 있으므로, 일반적으로 장형 사동법을 보완하여 쓴다.

> **예** 의사가 환자에게 눈을 뜨**게 하였다**.
> 　　장사꾼들이 손님에게 물건을 사**게 만들었다**.
> 　　어머니가 자녀들에게 집안일을 돕**게 하였다**.
> 　　주인이 일꾼들에게 일하**게 만든다**.
> 　　예수 그리스도는 앉은뱅이를 걷**게 만들었다**.
> 　　또 예수는 소경에게 눈을 뜨**게 했다**.
> 　　선생님이 학생들에게 공부를 하**게 했다**.
> 　　엄마가 우는 아기에게 젖을 먹여 곧 잠들**게 만들었다**.
> 　　교수님이 외국 학생들에게 한국어로 일기를 쓰**게 하였다**.

"하다"와 "만들다"는 서로 교체하여 쓸 수 있다. 그러나 "만들다"가 원형이고 "하다"는 "만들다"를 대신하게 하는 것이다.

> **예** 경찰이 대중들에게 시위를 못하게 만들었다.
> 　　경찰이 대중들에게 시위를 못하게 했다.

이 두 가지 사동법은 의미 차이가 없이 서로 교체하여 쓴다.

 "시키다" 사동법

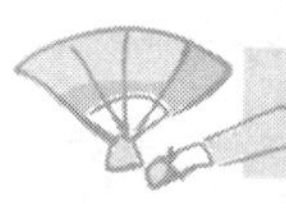 기본 유형 : 명사 + -시키다

누가 아이들에게 공부시키나요?

　예, 선생님이 아이들에게 공부시키지요.

사장이 부하 직원들에게 이 일을 시켰어요?

　예, 사장이 직원들에게 그 일을 시켰어요.

누가 아이들에게 공놀이를 시켰지요?

　유치원 선생님이 아이들에게 공놀이를 시켰어요.

엄마가 어린 아이에게 너무 힘든 일을 시키지 않아요?

　예, 어린 아이에게 조금 힘든 일을 시키네요.

우리 중국 요리를 시켜 먹을까요?

　그래요, 몇 가지 요리를 시킵시다.

1 연습하기

보기	농부가 소에게 일을 시키지요?
	밭갈이 ·· 농부가 소에게 밭갈이를 시키지요.

(1) 그가 누구에게 일을 시키지요?

　일꾼　　·· 그가 일꾼에게 일을 시켜요.

(2) 사장이 누구에게 운전을 시키지요?

　운전기사 ·· 사장이 운전기사에게 운전을 시켜요.

(3) 어느 전쟁이 미국의 노예를 해방시켰지요?

　남북전쟁 ·· 남북전쟁이 미국의 노예를 해방시켰지요.

(4) 선생님이 누구에게 복습을 시켰지요?

　　학생들　‥ 선생님이 학생들에게 복습을 시켰어요.

(5) 고용주가 누구에게 어려운 일을 시키면 안 되지요?

　　미성년자 ‥ 고용주는 미성년자에게 일을 시키면 안 되지요.

② 어법

❶ "시키다" 사동법의 용법

"-하다"가 쓰인 동사의 "하다"를 "시키다"로 바꾸면 "시키다" 사동법이 된다. 이 "시키다" 사동형도 사동법의 보완 구실을 한다.

> 예　학생이 수학을 공부한다.　　　　　　　　("-하다" 동사)
> 　　선수들이 강하게 훈련을 한다.
>
> 　　선생이 학생에게 수학을 공부시킨다.　　("시키다" 사동법)
> 　　감독이 선수들을 강도 높게 훈련시킨다.

 ## 피동법 "-이-, -히-, -기-, -리-"

 **기본 유형 : -이-, -히-, -기-, -리-**

그 문제가 잘 풀립니까?

　예, 이런 문제는 잘 풀리지요.

탁자 위에 꽃병이 잘 놓였습니까?

　예, 꽃병이 안전하게 잘 놓였어요.

얼레에 연줄이 잘 감기고 있어요?

　예, 연줄이 얼레에 잘 감기고 있어요.

그 등기 서류에는 인감도장이 찍혔어요?

　예, 이 등기 서류에는 인감도장이 찍혔어요.

이 물건은 생활 용품으로 잘 쓰이지요?

　예, 그 물건은 일상생활 용품으로 쓰이지요.

이 소리가 잘 들리지요?

　아니요, 소리가 너무 작아서 잘 들리지 않아요.

1 연습하기

> **보기**　하늘이 잘 보이지요?
>
> 　　　　예, 하늘이 잘 보여요.

(1) 이 글이 잘 쓰였어요?

　예, 그 글은 잘 쓰였어요.

(2) 눈이 잘 안 감겨요?

　눈이 아파서 잘 안 감겨요.

(3) 이 서류에 도장이 찍혔지요?

　　　아니요, 이 서류에는 도장이 안 찍혔어요.

(4) 나는 식욕이 없는데 김 씨는 밥이 잘 먹혀요?

　　　아니요, 나도 밤새 술을 마셨더니 밥이 잘 안 먹혀요.

(5) 제야의 종소리가 크게 들리지요?

　　　예, 제야의 종소리가 잘 들려요.

2 어법

❶ 피동법의 용법

피동법은 첫째, 능동문의 목적어가 피동문의 주어로 바뀌고, 둘째, 능동문의 주어는
주어조사 대신 처격조사 '−에/−에게'를 취하여 부사어로 바뀌며, 셋째, 능동문의 서술어
인 타동사는 피동사로 바뀌는 일련의 절차를 거쳐 피동문이 마들어지는 어법을 말한다.

　　　(가) 경찰이 도둑을 잡았다.　　　　　(보통 어순의 문장인 능동문)
　　　(나) 도둑이 경찰에게 잡혔다.　　　　(접미사 "-히-"가 삽입된 피동문)

위의 (나)는 첫째, 목적어이던 "도둑"이 주어 자리로 옮기고, 둘째, 주어였던 경찰이
부사어로 바뀌고, 셋째, 타동사 "잡다"에는 피동 접미사 "−히−"가 삽입되어 "잡히다"로
바뀌는 절차를 거쳐 형성된 피동문이다.

피동법을 쓰려면 동사 어간 다음에 "−이−, −히−, −기−, −리−" 등을 삽입한다.

　　　예　 여기서 도봉산이 보인다.
　　　　　대문이 열렸다.

한국어에는 피동법이 잘 발달되어 있지 않다. 위에 보인 "−이−, −히−, −기−, −리
−" 이외에는 피동법 접미사가 없다. 그래서 피동 표현이 불가능한 동사가 많다.

❷ 피동법이 가능한 동사

동사	접미사	피동형	같은 유형의 동사
보다	-이-	보이다	놓이다, 쓰이다, 데이다, 베이다
잡다	-히-	잡히다	찍히다, 꽂히다, 묻히다, 접히다
감다	-기-	감기다	찢기다, 씻기다, 깎기다, 믿기다
풀다	-리-	풀리다	들리다, 갈리다, 팔리다, 붙들리다

이런 피동 접미사는 많지 않으므로 이들만으로는 모든 동사를 피동사로 만들기 어렵다. 그래서 "되다", "지다" 등을 일부 보충하여 피동 표현을 하고 있다.

> 예 축구 경기가 시작되었다.
> 그가 장관에 임명되었다.
> 동생이 대학 입학시험에 합격되었다.
> 그 박 속에서 금은보화가 쏟아졌다.

비교 표시 조사

14.1 비교 조사

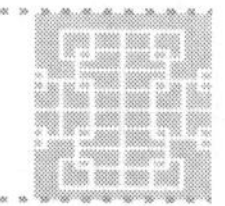

기본 유형 : −처럼, −같이, −만큼, −만치

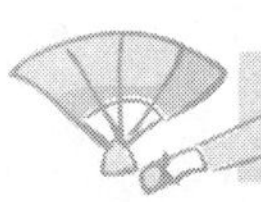

저 집은 궁궐처럼 크지요?
　　예, 저 집은 궁궐만큼 크군요.

서울의 밤거리가 대낮같이 밝지요?
　　예, 밤거리가 대낮같이 밝군요.

그 애는 달리기 선수처럼 잘 달리지요?
　　예, 그 애는 달리기 선수만큼 잘 달리는군요.

이 기계는 신품처럼 깨끗하지요?
　　예, 그 기계는 신품처럼 깨끗하군요.

그분의 마음은 바다같이 넓지요?
　　예, 그분의 마음은 바다만큼 넓어요.

이 노래가 아리랑만큼 유명합니까?
　　아니요, 아리랑만큼 유명하지 못하지요.

저 친구가 배우만치 예쁘지요?
　　예, 그 친구는 배우만치 예쁘네요.

> 보기   이 아이는 누구만큼 크지요?
>
>   농구선수 ‥ 이 아이는 농구선수만큼 커요.

(1) 그이는 누구처럼 노래를 잘 하지요?

   가수   ‥ 그이는 가수처럼 노래를 잘 해요.

(2) 그 호박은 얼마만치 크지요?

   항아리 ‥ 그 호박은 항아리만치 커요.

(3) 서울에서 평양은 얼마만큼 멀지요?

   안동   ‥ 평양은 서울에서 안동만큼 멀어요.

(4) 이 기차는 무엇처럼 빠르지요?

   총알   ‥ 이 기차는 총알처럼 빨라요.

(5) 저 호수는 얼마만큼 넓지요?

   바다   ‥ 저 호수는 바다만큼 넓어요.

2 어법

❶ 비교 조사의 용법

비교 조사 "만큼", "처럼", "같이", "만치" 등이 체언에 첨가되어 뒤따르는 표현과 동등 또는 차등을 나타낸다.

> 예   그는 키가 자기 형만큼 크다.
>
>   그 소리는 나처럼 발음해라.
>
>   부모님 사랑은 하늘같이 높다.
>
>   그 고양이는 개만치 크다.

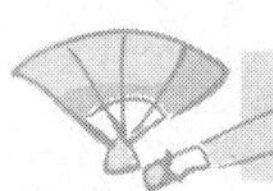

기본 유형 : -대로

이 일을 어떻게 하면 좋을까요?
　　당신 생각대로 하세요.

정말로 제가 마음대로 할까요?
　　그래요, 마음대로 하세요.

선생님 말씀대로 할까요?
　　꼭 내 말대로 하십시오.

이 단어는 어떻게 발음할까요?
　　선생님이 발음하시는 대로 따라 하세요.

---

1 연습하기

> 보기　부모님이 가르치신 대로 했어요?
> 　　　　예, 선생님이 가르치신 대로 했어요.

(1) 상관이 시킨 대로 했어요?
　　예, 상관이 시킨 대로 했어요.

(2) 부대장이 지시하는 대로 했어요?
　　예, 부대장이 지시하는 대로 했어요.

(3) 어머니가 싸주신 대로 먹었어요?
　　예, 어머니가 싸주시는 대로 도시락을 먹었어요.

(4) 회사 방침대로 행동했지요?
　　예, 회사 방침대로 행동했어요.

(5) 법대로 살아야 하지 않아요?
　　예, 법대로 살아야 하지요.

❶ "대로"의 용법

"대로"는 체언에 결합되어 조사로 쓰인 경우와 용언의 관형사형 다음에 놓여서 의존 명사로 쓰인 경우가 있다. 대체로 "대로" 앞에 놓인 체언이나 용언이 나타내는 뜻과 같이라는 의미로 이해하면 좋다.

> 예 형님이 하는 대로 따라 해라.
> 선생님이 가르친 대로 해라.

14.3 비교형 어미와 의존 명사 "-듯이"

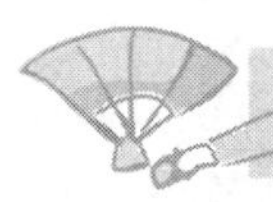

기본 유형 : -듯이

전쟁터에서는 총알이 비오듯이 쏟아진다지요?
　전쟁터에서는 총알이 빗발처럼 쏟아져요.

이 배가 날듯이 물결 위로 달리지요?
　그 배가 가볍고 빠르군요.

그 아이는 어른이 말하듯이 하지요?
　그 아이는 그만큼 생각이 깊지요.

네가 남에게서 바라듯이 남에게 해주라는 거지요?
　남을 자기처럼 사랑하라는 뜻이지요.

그 옷을 입으면 몸이 날아갈 듯이 가볍지요?
　예, 몸이 아주 가벼워요.

> **보기** 요즈음 아이들은 미칠 듯이 날뛰지요?
>
> 그래요, 대수롭지 않은 일로 떠들어대지요.

(1) 그는 언제나 사람을 웃기지요?

그래요, 그는 연예인처럼 사람을 잘 웃기지요.

(2) 이 차는 제비처럼 매끄럽게 달리지요?

그래요, 이 차는 제비처럼 경쾌하게 달려요.

(3) 그 여자는 부모를 사랑하듯이 어른들을 돌보지요?

그래요, 그 여자는 어른들을 깍듯이 돌보지요.

(4) 그는 물을 마시듯이 술을 마신다고 하지요?

그는 술 중독자처럼 보이는군요.

(5) 그의 사업은 해가 뜨듯이 날로 번창한다지요?

그의 사업은 뜨는 해처럼 잘 되는군요.

2 어법

❶ "−듯이"의 용법

첫째, "−듯이"는 동사나 형용사의 어간에 첨가되면 '비슷하게'라는 뜻을 나타내는 어미로 쓰인다.

예 그는 자동차가 가듯이 빨리 달린다.

그는 한자를 한글 쓰듯이 쉽게 쓴다.

둘째, 용언의 관형형 어미 "−(으)로" 다음에 "듯이"가 결합되면 "비슷하게"라는 뜻을 지닌 의존 명사로 쓰인다.

  그는 당장이라도 때릴 듯(이) 주먹을 내밀었다.

우리는 뛸 듯(이) 기뻐하며 환호하였다.

셋째, "듯이"가 관용적인 표현으로 쓰인 경우가 있다.

  물밀 듯이   : 구경꾼이 물밀 듯이 몰려 온다.

미친 듯이   : 성난 개가 미친 듯이 덤벼들었다.

쥐 죽은 듯이 : 모두 쥐 죽은 듯이 숨을 죽이고 있었다.

14.4 차등 비교 "–보다" 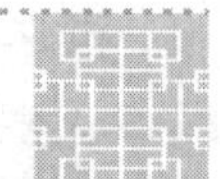

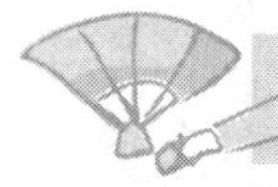 기본 유형 : –보다

이 방은 마당보다 넓지요?

예, 이 방은 매우 넓군요.

부모님 은혜는 하늘보다 높다고 말하지요?

예, 부모님 은혜는 한없이 크지요.

피는 물보다 진하다고 말하지요?

예, 피붙이 동기가 매우 가깝지요.

1 연습하기

보기   바다 ‥ 그 사람의 마음은 바다보다 넓다.

(1) 헌 것 ‥ 새 물건이 헌 것보다 더 비싸지요.

(2) 경주 ‥ 경주가 대전보다 더 멀지요?

(3) 황소 ‥ 코끼리가 이 황소보다 더 힘세다.

(4) 금   ·· 사람은 금보다 귀하다.

(5) 약   ·· 운동이 약보다 중요하다.

14.5 차등 비교 "−와/과 달리" 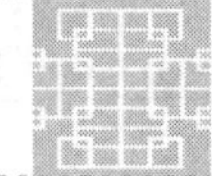

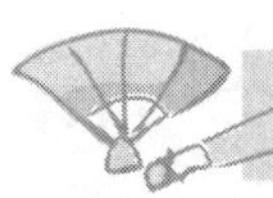 기본 유형 : −와/과 달리

이 방은 저 방과 달리 더 넓다.

사람은 동물과는 달리 말을 할 수 있다.

대개 외국인은 한국인과 달리 생각하는 면이 많다.

어른들은 아이들과 달리 행동하는 경향이 있다.

---

1 연습하기

> **보기**   짐승 ·· 사람은 짐승과는 달리 행동해야 한다.

(1) 한국 사람   ·· 서양 사람의 얼굴은 한국 사람과 달리 생겼지요?

(2) 도시인   ·· 농촌 사람은 도시인과는 달리 생활한다.

(3) 백화점   ·· 전통 시장은 백화점과는 달리 규모가 작다.

(4) 미국   ·· 한국은 미국과는 달리 국토가 긴 반도 모양이다.

(5) 다른 나라 음식 ·· 한국 김치는 다른 나라 음식과는 달리 맵다.

2 어법

❶ "−와/과 달리"의 용법

어떤 명사에 "−와/과 달리"를 첨가하여 쓰면, 비교 대상이 되는 또 다른 명사와 서로 다름을 나타낸다.

> 예 오늘은 어제와 달리 날씨가 개었다.
>
> 우리 엄마는 아빠와 달리 노래를 좋아하신다.

추정 표시

15.1 추정 표시 "-겠-"

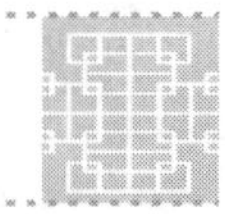

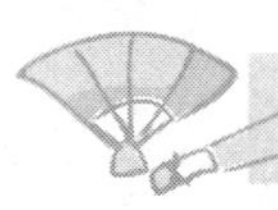

기본 유형 : -겠-

내일은 날씨가 따뜻하겠지요?

　예, 내일은 날씨가 따뜻할 것 같아요.

오늘 오후에 비가 오겠지요?

　예, 비가 올 듯합니다.

이 학생이 공부를 잘 하겠지요?

　예, 그 학생은 공부를 잘 할 겁니다.

저 여자 아이가 퍽 얌전하겠지요?

　아니요, 저 여학생은 아주 활발합니다.

1 연습하기

보기 내일 오후에는 따뜻하겠지요?
예, 오후에는 따뜻하겠습니다.

(1) 저 물건은 조금 비싸겠지요?
예, 저 물건은 좀 비싸겠습니다.

(2) 저 영화는 재미있겠지요?
예, 저 영화는 재미있겠습니다.

(3) 이 과자는 맛있겠지요?
예, 그 과자는 맛있겠습니다.

(4) 이 김치는 짜겠지요?
예, 이 김치는 짜겠습니다.

(5) 이 아이는 영리하겠지요?
예, 그 아이는 영리하겠습니다.

2 발음

따뜻하겠습니다 ⇒ [따뜨타게씀니다]
재미있겠습니다 ⇒ [재미이께씀니다]
맛있겠습니다 ⇒ [마디께씀니다/마시께씀니다]
영리하겠습니다 ⇒ [영니하게씀니다]

3 어법

❶ 추정의 "－겠－"

"－겠－"은 추정의 뜻을 나타내는 경우가 많다. 주어가 말하는 사람인 동시에 행동자일 때는 앞에서 배운 바와 같이 '화자의 의지'를 나타내지만, 그 밖의 제3자나 물건이 주어일 때는 '추정(추측하여 판정함)'을 나타낸다.

> 例 나는 지금 떠나겠다.
>   (주어가 화자이고 행동자이므로 "화자의 의도"를 나타냄)
>   이 아이가 영리하겠습니다.
>   (주어가 행동자가 아니므로 추정을 나타냄)
>   저녁에 우박이 내리겠습니다.
>   (주어가 사물이므로 추정을 나타냄)

추정을 나타내는 문장이 질문 형식으로 표현될 때는 "−지요"라는 어미를 쓰는 것이 자연스럽다.

> 例 운동장에 사람들이 많이 모였겠지요?
>   저 선수가 야구를 잘 하겠지요?

15.2 미래 추정 표시 "−(으)ㄹ 것이다"

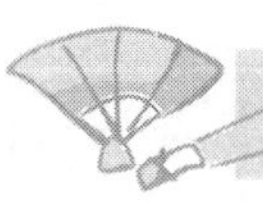

기본 유형 : −(으)ㄹ것이다

이 일은 기술자가 할 것이지요?
  예, 그 일은 기술자가 처리할 것입니다.
그것은 직원들이 마무리할 일이지요?
  예, 이것은 직원들이 끝낼 것입니다.
그 최우수상은 저 여학생이 받을까요?
  아마도 저 여학생이 그 상을 받을 것입니다.
선생님이 언제 오실까요?
  예, 선생님은 다음 주에 오실 겁니다.

> 보기　이 차는 누가 탈까요?
> 　　　사장 ‥ 이 차는 사장이 탈 것입니다.

(1) 부엌일은 누가 맡을까요?

　누나　　‥ 부엌일은 누나가 맡을 것입니다.

(2) 이 방은 누가 청소할까요?

　저　　　‥ 그것은 제가 할 일입니다.

(3) 그들이 언제 결혼할까요?

　다음 달 ‥ 그들은 다음 달에 결혼할 것입니다.

(4) 이번에는 봉사활동을 어디로 갈까요?

　시골　　‥ 아마 이번 봉사활동은 시골로 갈 것입니다.

(5) 한강의 물줄기는 어디에서부터 시작될까요?

　태백산　‥ 한강물은 태백산에서부터 흘러나올 겁니다.

2 발음

> 맡을 것입니다 ⇒ [마틀 거심니다]　　끝낼 것입니다 ⇒ [끈낼 거심니다]
> 부엌일　　　⇒ [부엉닐]　　　　　　물줄기　　　⇒ [물쭐기]

3 어법

❶ "(으)ㄹ 것이다"의 용법

한국어의 문장의 끝 부분에 "(으)ㄹ 것이다"가 쓰이면, 미래에 있을 일을 추정하는 문장 유형이 된다. 이것은 화자가 주어이든 아니든 관계없이 사람이나 사물의 미래에 이루어질 일을 추정하는 데 쓰인다.

〈1〉 사람들이 운동장에 모일 것입니다.

　　("모이겠습니다"는 어색함)

〈2〉 그는 오후에 시골에서 돌아올 겁니다.

　　("돌아오겠습니다"는 어색함)

〈3〉 형님도 내일 참석하실 겁니까?

　　(청자의 행동을 추정하는 물음)

〈4〉 나도 내일 장례식에 참석할 것입니다.

　　(화자의 행동을 자신이 추정함)

〈5〉 나도 내일 장례식에 참석하겠습니다.

　　(화자의 의지가 분명히 드러남)

　〈3〉과 〈4〉는 주어가 각기 청자와 화자지만 "-(으)ㄹ 것이다"를 써서 추정을 나타낸 것이다. 그러나 〈5〉처럼 그것을 "-겠습니다"로 대치하면 의지가 드러난다. 이때는 화자가 주어임과 동시에 행동자이므로 화자의 의도를 나타내는 것이다.

　그런데 "-(으)ㄹ 것이다"의 축약형은 의도를 나타내기도 한다.

　　예　나는 오후에 여행을 떠날 거야. (화자의 의도 표시)

　　　어디로 갈 거요?　　　　　　　(청자의 의도를 묻는 경우)

　　　강원도 설악산으로 떠날 **거예요**. (의도 표시의 "-(으) 것이다" 축약형)

　　　그래요, 누구와 같이 갈 거요?　　(청자의 의도를 물음)

　　　누구와 같이 갈지 아직 몰라요.

주관적인 짐작 표시
"-(으)ㄹ 것 같다/듯하다"

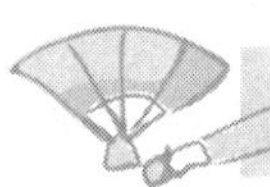

기본 유형 : -(으)ㄹ 것 같다, -(으)ㄹ 듯하다

오늘 오후에 눈이 올 것 같지요?

　예, 눈이 올 듯해요.

그분이 내일 여기에 도착할 듯하지요?

　예, 내일 도착할 것 같아요.

사람들이 내일도 많이 모일 것 같아요?

　아마 내일도 많이 모일 듯해요.

그 사람이 좋은 사람일 것 같지요?

　예, 내 짐작에도 그럴 것 같아요.

1 연습하기

> **보기**　그가 똑똑할 것 같지요?
> 　　　　예, 똑똑할 듯해요.

(1) 저 아이가 영리할 것 같지요?

　　그래요, 영리할 듯해요.

(2) 이 만화가 재미있을 것 같지요?

　　네, 재미있을 듯해요.

(3) 점심 때 손님이 올 것 같지요?

　　예, 제 짐작에도 그럴 것 같아요.

(4) 가까운 친척이 올 듯하지요?

　　글쎄요, 아무도 안 올 것도 같아요.

(5) 저 학생이 공부를 잘 할 듯하지요?

　　　예, 그럴 것 같아요.

2 어법

❶ "–(으)ㄹ 듯하다/–(으)ㄹ 것 같다"

이 복합 형태는 주관적인 짐작이나 예측을 나타낸다. 화자 자신이 확신을 가지고 말할 수 없을 때, 곧 확실한 근거가 없이 짐작으로 말할 경우에 많이 쓰인다. "–(으)ㄹ 듯하다"와 "–(으)ㄹ 것 같다"는 의미가 비슷하므로 임의로 교체할 수 있다.

15.4　예상 표시 "–줄 알다/모르다" 

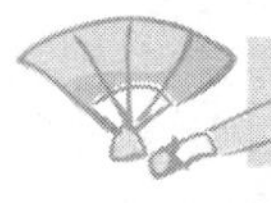 기본 유형 : –줄 알다/모르다

오늘 비가 올 줄 몰랐지요?

　　예, 비가 올 줄 전혀 몰랐어요.

그 친구가 오늘 올 줄 알았어요?

　　예, 대강 짐작했어요.

그 여자가 그렇게 예쁠 줄 몰랐지요?

　　정말 저는 짐작도 못했어요.

이 연사가 그렇게 말을 잘 할 줄 몰랐지요?

　　예, 나는 전혀 예상을 못했어요.

이분이 누구인 줄 알았어요?

　　그분이 유명한 사람인데, 누구인 줄 몰랐어요.

> **보기**　오후에는 날씨가 흐릴 줄 알았지요?
> 　　　　아니요, 저는 짐작하지 못했어요.

(1) 이 물건이 이렇게 비쌀 줄 몰랐어요?
　　예, 나는 그렇게 비쌀 줄 몰랐어요.

(2) 저 영화가 그렇게 재미있을 줄 알았지요?
　　아니요, 저는 예비지식이 없었어요.

(3) 이 그림이 이렇게 훌륭한 줄 몰랐지요?
　　예, 전혀 뜻밖의 일이라 짐작도 못했어요.

(4) 그 문제가 그렇게 복잡할 줄 알았어요?
　　나는 그렇게까지 복잡한 줄 몰랐어요.

(5) 이 개가 그렇게 영리한 줄 몰랐지요?
　　예, 나는 전혀 몰랐어요.

2 어법

❶ "-(으)ㄹ 줄 알다/모르다"

이 복합 형태는 상황에 따라 짐작을 나타낸다. 대개 화자 자신이 행동자가 아니고, 다른 사람이나 사물에 대하여 말할 때는 짐작을 드러낸다.

> 　예　나는 외국어를 할 줄 안다.
> 　　　(행동자가 화자 자신이므로 확실한 표현이다)
> 　　　저 선수가 일등을 할 줄 알았다.
> 　　　(행동자가 화자 자신이 아니므로, 화자는 짐작만 할 수 있다)

❷ 추정 또는 짐작의 "-(으)ㄹ 줄 알다/모르다"

동사 어간에 "-(으)ㄹ 줄 알다/모르다"를 첨가하여 미래 추정이나 짐작을 나타낸다.

앞에서 본 바와 같이 "-(으)르 줄 알다/모르다"는 '방법'의 뜻으로 쓰이지만, 다른 한편으로는 '추정' 또는 '의지'의 뜻으로도 쓰인다.

예   누구나 자전거를 탈 줄 안다.   (방법)

       중국어를 할 줄 아세요?   (방법)

       그가 한국어 교수인 줄 알았다.   (추정, 짐작)

       나는 그가 오늘 갑자기 돌아올 줄 몰랐다. (추정, 짐작)

       축구 애호가가 그렇게 많을 줄 몰랐다.   (추정, 짐작)

15.5   의도 표시와 추정 표시의 구별 연습

다음 문장을 읽고 의도 표시인지 추정 표시인지 구별하시오.

〈1〉 저는 먼저 가겠습니다.   ____________

〈2〉 내일 비가 올 줄 모르겠어요.   ____________

〈3〉 어디 가시겠어요?   ____________

〈4〉 나도 어디 갈 줄 모릅니다.   ____________

〈5〉 이렇게 사람이 많을 줄 미처 몰랐어요.   ____________

〈6〉 여기에서 애인을 만나면 어떻게 하시겠어요?   ____________

〈7〉 저는 내년에 외국으로 유학 갈 거요.   ____________

〈8〉 그가 우리 반에서 일등 할 것입니다.   ____________

〈9〉 언제 저희 집에 방문하시겠어요?   ____________

〈10〉 저는 그만 작별 인사를 하겠습니다.   ____________

메모하세요

중단 및 전환 표시

16.1 중단 및 전환 어미의 현재형 "-다가"

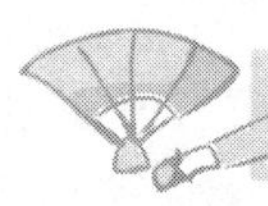

기본 유형 : -다가

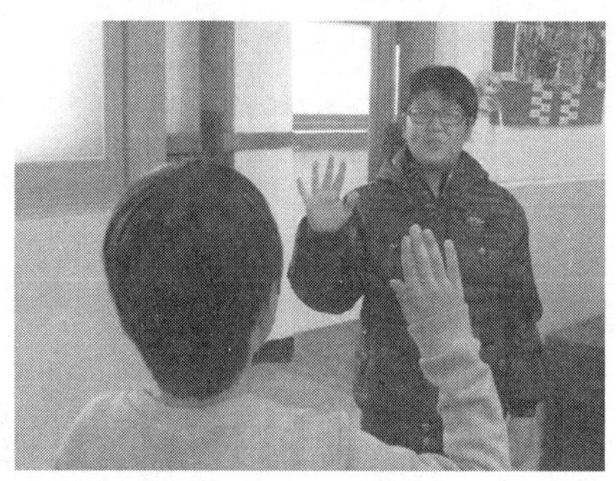

집에 오다가 누구를 만났습니까?

　　저는 집에 오다가 친구를 만났어요.

무엇을 하다가 다리를 다쳤습니까?

　　저는 운동을 하다가 다리를 삐었어요.

무엇을 하다가 전화를 받았지요?

　　이야기를 하다가 전화를 받았어요.

1 연습하기

> **보기**　어디에서 여자 친구를 만났습니까?
>
> 　　학교에 가다가 ·· 학교에 가다가 여자 친구를 만났어요.

(1) 언제 잠이 들었지요?

　　공부를 하다 ·· 공부를 하다가 잠이 들었습니다.

(2) 어디에서 이웃집 아주머니를 만났지요?

시장에 가다가 ·· 시장에 가다가 아주머니를 만났습니다.

(3) 어디에서 선생님과 마주쳤지요?

화장실에 가다 ·· 화장실에 가다가 선생님과 마주쳤어요.

(4) 언제 전화가 끊어졌습니까?

전화를 받다 ·· 전화를 받다가 끊어졌습니다.

(5) 어디에서 돌아왔습니까?

백화점에 가다 ·· 백화점에 가다가 돌아왔습니다.

2 어법

❶ 중단 및 전환 어미 현재형 "−다가"의 용법

용언의 어간에 "−다가"를 첨가하면, 지속되던 동작이나 상태가 중단되고 다른 동작이나 상태로 바뀜을 나타낸다.

> 예 그 여자는 울다가 웃었다.　　(울던 행위를 그치고 웃었다)
> 　　나는 학교에 가다가 돌아왔다.　(학교에 가던 행동을 멈추고 돌아왔다)

"−다가"에서 "−가"는 가끔 생략되어 쓰이는데, 그 의미는 같다.

> 예 그 사람이 약속 장소로 가다(가) 돌아왔다.
> 　　소매치기 범인이 도망가다(가) 넘어져서 붙잡혔다.

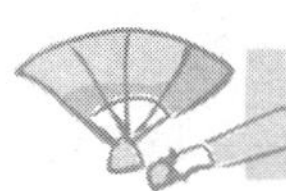

기본 유형 : -았다가, -었다가, -였다가

창고의 문을 언제 닫았다가 열었지요?

　예, 어제 창고 문을 닫았다가 조금 전에 열었어요.

손님이 언제 오셨다가 가셨습니까?

　손님이 오전에 오셨다가 방금 가셨어요.

아침에 눈이 왔다가 지금은 비가 오지요?

　예, 날씨 변화가 심해요.

아들이 친구 집에 갔다가 늦게 돌아 왔지요?

　예, 친구를 기다렸다가 오느라고 좀 늦었대요.

그 사람을 믿었다가 속았지요?

　예, 믿는 도끼에 발등 찍혔었지요.

이 씨는 과장이었다가 올해 부장으로 승진하였지요?

　예, 그이는 과장이었다가 부장으로 승진했지요.

1 연습하기

> **보기**　손님이 돌아가셨습니까?
>
> 　오셨다 ·· 손님이 오셨다가 돌아가셨습니다.

(1) 선생님한테 야단맞았습니까?

　잡담을 하였다 ·· 잡담을 하였다가 선생님한테 야단맞았습니다.

(2) 물건을 돌려주었습니까?

　물건을 샀다　·· 물건을 샀다가 돌려주었습니다.

(3) 돈을 돌려주었습니까?

　　돈을 빌렸다　‥ 돈을 빌렸다가 돌려주었습니다.

(4) 비를 맞았습니까?

　　산에 올라갔다 ‥ 산에 올라갔다가 비를 맞았습니다.

(5) 일을 다시 시작했습니까?

　　잠깐 쉬었다　‥ 잠깐 쉬었다가 일을 다시 시작했습니다.

2 어법

❶ 중단 및 전환 어미 완료형 "-았다가", "-었다가", "-였다가"의 용법

　용언의 어간에 "-았/었/였다가"를 첨가하면, 한 가지 동작을 마친 다음에 다른 동작으로 바뀜을 나타낸다. 도중에 바뀐 경우(괄호 안에 표시)와 비교해 보면 그 차이를 알 수 있다.

> 예　그 사람은 돈을 받았다가 돌려주었습니다.
> 　　(그 사람은 돈을 받다가 돌려주었습니다)
> 　　경찰이 도둑을 잡았다가 놓쳤습니다.
> 　　(경찰이 도둑을 잡다가 놓쳤습니다)

　"-았다가"는 그것이 첨가되는 동사의 어간의 형태에 따라 달리 선택된다. 동사 어간의 끝음절이 양성모음이면 "-았다가"를 첨가하고, 어간의 끝음절이 음성모음이면 "-었다가"를 첨가하며, 어간의 끝음절이 "-하"이면 "-였다가"를 첨가한다. 다만, "-하였다가"를 줄임말로 쓸 경우에는 "-했다가"로 쓸 수 있으며, 그 의미는 같다.

> 예　나는 돈을 받았다가 주었다.
> 　　그 여자는 왔다가 돌아갔다.
> 　　나는 물건을 샀다가 물렀다.
> 　　나는 그것을 기억하였다가 잊었다.

음식을 먹었다가 토했다.

그분은 여기에 머물렀다가 사라졌다.

혹 떼러 갔다(가) 하나 더 붙여 돌아왔다.

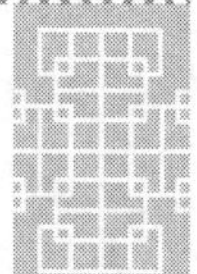

<table>
<tr><td>16.3</td><td>중단 및 전환 표현의 관용형
"-다가 말다가"</td></tr>
</table>

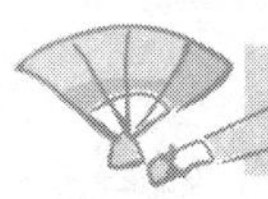

기본 유형 : -다가 -말다가

비가 오다(가) 말다(가) 합니다.

날씨가 춥다 덥다 합니다.

그 여자는 웃다 울다 합니다.

그이는 글을 쓰다 말다 합니다.

그 학생은 한국어를 배우다 말다 한다.

1 연습하기

> **보기** 비가 계속 옵니까?
>
>   아니요, 비가 오다 말다 합니다.

(1) 날씨가 계속 따뜻합니까?

  아니요, 날씨가 따뜻하다 춥다 합니다.

(2) 기분이 늘 좋습니까?

  아니요, 기분이 좋다 나쁘다 합니다.

(3) 물건 값이 늘 올라갑니까?

  아니요, 물건 값이 올라가다 말다 합니다.

(4) 그 학생이 공부를 열심히 합니까?

　　아니요, 하다 말다 합니다.

(5) 늘 문을 열어 둡니까?

　　아니요, 열었다 닫았다 합니다.

2 어법

❶ 중단 및 전환 표현의 관용형 "–다가 말다가"의 용법

이는 두 가지 동작이나 상태가 번갈아 바뀌는 관용표현이다. 대화체에서 흔히 사용하며, 주로 축약형으로 된 "–다 말다"가 많이 쓴다.

> 예　여름철에는 비가 오다 말다 한다. (비가 오다가 안 오다가 한다)
> 　　문을 열었다 닫았다 한다.　　　(문을 열었다가 닫았다가 한다)

❷ 중단 및 전환

한 가지 동작을 지속하면서 이어가다가 그 행동이 중단되고 다른 행동으로 바뀜을 나타낸다.

> 예　그 사람은 뇌물을 받다가 들켰습니다.
> 　　고기를 잡다가 놓쳤습니다.

첨가 및 점증 표시

17.1 첨가형 표시 "–(으)ㄹ 뿐 아니라"

기본 유형 : –(으)ㄹ 뿐 아니라

저 계곡은 경치가 참 좋지요?

    저 계곡은 경치가 좋을 뿐 아니라 물이 맑아요.

그들은 춤을 잘 추지요?

    춤을 잘 출 뿐 아니라 노래 가락도 멋있어요.

저분은 재산이 무척 많다지요?

    저분은 재산이 많을 뿐 아니라 마음이 좋아요.

시장에는 물건이 많지요?

    물건이 많을 뿐 아니라 사람들이 붐벼요.

그 젊은이는 머리가 명석하지요?

    그는 머리가 명석할 뿐 아니라 부지런해요.

저 여학생은 아주 얌전하지요?

    그 여학생은 얌전할 뿐 아니라 얼굴도 예뻐요.

1 연습하기

> **보기**   저 산은 매우 높지요?
>   저 산은 높을 뿐 아니라 관광 명승지예요.

(1) 이 산은 계곡이 깊고 물이 맑지요?

　　　이 산은 계곡이 깊을 뿐 아니라 물이 맑군요.

(2) 우리 동네는 교통이 편리하고 살기도 좋지요?

　　　우리 동네는 교통이 편리할 뿐 아니라 살기도 좋아요.

(3) 저 아이는 몸이 튼튼하고 공부도 열심히 하지요?

　　　저 아이는 몸이 튼튼할 뿐 아니라 공부도 열심히 해요.

(4) 저 외국인은 한국어 발음이 좋고 말도 잘 하지요?

　　　저 외국인은 한국어 발음이 좋을 뿐 아니라 말도 잘해요.

(5) 동해는 물이 맑고 고기도 많이 잡힌다지요?

　　　동해는 물이 맑을 뿐 아니라 고기도 많이 잡히지요.

2 어법

❶ 첨가형 표시 "-(으)ㄹ 뿐 아니라"의 용법

　용언의 어간에 첨가형 표시 "-(으)ㄹ 뿐 아니라"를 연결하면, 한 가지 표현에 다른 한 가지를 덧붙이는 복합 형태가 된다. 이는 "-(으)ㄹ 뿐만 아니라"와 같은 의미로 쓰이기도 한다. 그러나 "-만"은 군더더기이므로 그것을 붙이지 않는 것이 좋다. "뿐"이라는 말에는 "-만"의 뜻이 포함되어 있기 때문이다.

　첨가형은 두 가지를 연결한다는 점에서 나열법과 같지만, 강조하면서 연결하는 점이 다르다.

> **예**　아이가 똑똑하고 얌전하다.　　　(단순한 나열)
>   아이가 똑똑할 뿐 아니라 얌전하다.　(강조하면서 나열)

 ## 첨가형 표시 "-(으)ㄹ 뿐더러"

기본 유형 : -(으)ㄹ 뿐더러

저 강은 물이 맑지요?

　　물이 맑을 뿐더러 경치가 좋아요.

그 젊은이는 미남이지요?

　　그는 미남일 뿐더러 머리가 좋아요.

그들은 공부를 잘 하지요?

　　그들은 공부를 잘 할 뿐더러 몸도 튼튼해요.

1 연습하기

> **보기**　저 강은 물이 맑지요?
>
> 　　　물고기 많다 ‥ 저 강은 물이 맑을뿐더러 물고기가 많아요.

(1) 저 산은 푸르지요?

아름답다　　　　　‥ 저 산은 푸를 뿐더러 아름답지요.

(2) 농촌은 공기가 맑지요?

평온하다　　　　　‥ 농촌은 공기가 맑을 뿐더러 평온해요.

(3) 그이는 머리가 명석하지요?

부지런하다　　　　‥ 그이는 머리가 명석할 뿐더러 부지런해요.

(4) 한국산 물품은 수준이 높아졌지요?

인기가 좋다　　　‥ 한국산 물품은 수준이 높아졌을뿐더러 인기가 좋아요.

(5) 남해는 명승지가 많지요?

해산물이 많이 난다 ‥ 남해는 명승지가 많을뿐더러 해산물이 많이 나요.

❶ 첨가형 "–(으)ㄹ 뿐더러"의 용법

첨가형 "–(으)ㄹ 뿐더러"는 "–(으)ㄹ 뿐 아니라"와 동일한 의미를 지닌다. 따라서 두 가지는 임의로 교체하여 쓸 수 있다.

> 예 그는 노래를 잘 할 뿐더러 춤도 잘 춘다.
> 그는 노래를 잘 할 뿐 아니라 춤도 잘 춘다.

17.3 | 점증형 표시 "–(으)ㄹ수록" 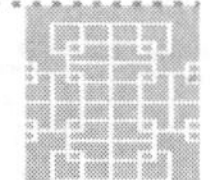

기본 유형 : –(으)ㄹ수록

세상 일이 갈수록 태산이지요?
　　예, 갈수록 살기가 힘들지요.
말은 할수록 말이 많아지지요?
　　그래요, 말이 많으면 말썽이 생기지요.
책은 읽을수록 읽을거리가 많아지지요?
　　그래요, 책은 읽을수록 읽을 책이 생기지요.
벼 이삭은 영글수록 고개를 숙인다지요?
　　그래요, 사람은 지위가 높을수록 겸손해야
　　지요.

> 보기 산은 올라갈수록 높아지지요?
>
> 　　　예, 산은 올라갈수록 더 높은 봉우리가 나타나지요.

(1) 돈은 많을수록 걱정도 많아지지요?

　　　예, 돈은 많을수록 안심이 안 되지요.

(2) 이 음식은 먹을수록 식욕이 더 생기지요?

　　　예, 이 음식은 먹을수록 더 먹고 싶어져요.

(3) 일은 할수록 할 일이 많아지지요?

　　　예, 일은 할수록 할 일이 또 생기지요.

(4) 저 그림은 볼수록 아름답지요?

　　　예, 저 그림은 볼수록 더욱 감탄하게 돼요.

(5) 그 여자는 사귈수록 마음에 들지요?

　　　예, 그 여자는 사귈수록 마음이 끌려요.

2 어법

❶ 점증형 "–(으)ㄹ 수록"의 용법

용언의 어간에 "–(으)ㄹ 수록"이 첨가되면, 어떤 동작을 행할수록 그 무엇의 정도가 점점 더 많아짐을 뜻한다.

> 예 술은 마실수록 더 마시게 된다.
>
> 여행은 할수록 견문이 넓어진다.
>
> 남녀는 자주 만날수록 사랑이 깊어간다.
>
> 아이들은 사랑을 많이 받을수록 더 착한 사람이 된다.

・"–(으)ㄹ 수록"은 여러 가지 관용어나 속담과 관련이 있다. 이에 대하여 풀이하고 대화
하도록 해 본다.

    (1) 갈수록 태산이다.

    (2) 사랑은 나눌수록 커진다.

    (3) 말은 나눌수록 커지고 떡은 나눌수록 줄어진다.

    (4) 벼는 영글수록 고개를 숙인다.

    (5) 그 아이는 볼수록 예쁘다.

    (6) 이 김치는 먹을수록 맛이 난다.

    (7) 그 일은 생각할수록 화가 난다.

    (8) 책은 재미가 있을수록 많이 익힌다.

    (9) 말이 많을수록 거짓말도 많다.

    (10) 약속이 많을수록 지키기 어렵다.

상미: "갈수록 태산이다."라는 말은 무슨 뜻입니까?

선배: 산에 높이 올라갈수록 더 큰 산이 앞에 나타난다는 것이지. 그러니까, 일이 점점
      어려워진다는 말이지.

상미: "사랑은 나눌수록 커진다."라는 말은 무슨 뜻인지 말씀해 주십시오.

선배: 사랑을 하면 그만큼 사랑이 줄어질 것 같지만 그렇지 않다는 거야. 내가 누구를
      사랑하면 그 사람이 내 영향을 받아서 또 다른 사람을 사랑할 수 있게 되니 사랑
      이 점점 늘어나는 것이지.

상미: "말은 나눌수록 커지고 떡은 나눌수록 줄어진다."라는 말은 무슨 뜻이지요?

선배: 말을 하면 그 말이 점점 퍼져 나가서 말이 많아지지만, 떡은 나누어 먹으면 그만
      큼 줄어진다는 것이지.

상미: "벼는 영글수록 고개를 숙인다."는 말은 무슨 뜻이지요?

선배: 겸손해야 한다는 뜻이지. 공부를 많이 하고 지위가 높아지면 뽐내지 말고 겸손
      한 태도를 가져야 한다는 것이지.

불규칙 동사와 형용사

18.1 "ㄹ" 불규칙 동사와 형용사

 **기본 유형 : ㄹ 발음의 탈락**

아이가 울지요?

　예, 아이가 웁니다.

그분을 잘 알아요?

　예, 그분을 잘 압니다.

저 개가 사람을 물어요?

　아니요, 저 개는 사람을 안 뭅니다.

그분이 어디에서 살지요.

　그분은 시골에서 삽니다.

저 학생이 어려운 수학 문제를 풀 수 있어요?

　저 학생은 수학 문제를 잘 풀지요.

> **보기** 그분이 서울에서 삽니까?
> 예, 그분은 서울에서 삽니다.

(1) 저분을 잘 압니까?

예, 저분을 잘 압니다.

(2) 저 여자 아이가 자주 웁니까?

예, 저 여자 아이가 자주 웁니다.

(3) 그 여학생이 문제를 푸니?

응, 그 여학생이 문제를 푼다.

(4) 저 생선 장수가 고기를 파니?

응, 저 생선 장수가 고기를 판다.

(5) 저분이 돈을 잘 버니?

응, 저분은 돈을 잘 번다.

2 어법

❶ "ㄹ" 불규칙 동사, 형용사

동사 어간의 말음(끝소리) "ㄹ"은 "-ㅂ니다", "-ㄴ다", "-는" 앞에서 탈락한다. 이 규칙은 "ㄹ" 어간을 가진 모든 동사와 형용사에 적용된다.

기본형	어미		예
	-ㅂ니다	압니다	제가 그이를 압니다.
	-ㄴ다	안다	나도 그이를 안다.
알다	-는	아는	내가 아는 사람이다.
	-ㄴ	안	내가 전에 안 사람이다.
	-나	아나	네가 그이를 아나?

어간이 "ㄹ"로 끝나는 형용사는 많지 않으나, 동사의 경우와 마찬가지로 어간의 끝소리 "ㄹ"이 "ㅡㅂ니다", "ㄴ", "나" 등 앞에서 탈락한다.

기본형	어미		예
	ㅡㅂ니다	답니다	꿀이 답니다.
달다	ㅡㄴ	단	단 팥죽은 맛있다.
	ㅡ나	다나	이 꿀이 다나요?

　　어간이 "ㄹ"로 끝난 동사와 형용사는 위 표에서 보듯이 "ㅂ"이나 "ㄴ"음계통의 어미 앞에서는 모두 "ㄹ"음이 탈락된다. 그러나 다른 많은 어미와 결합할 때는 그런 불규칙 현상이 없이 본래의 "ㄹ"소리가 난다.

18.2 "ㅅ" 불규칙 동사

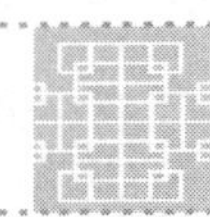

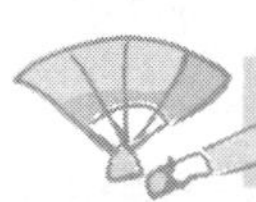

기본 유형 : ㅡㅅ 말음의 탈락

그가 병이 낫지요?
　　예, 그러나 이제 다 나았어요.

이 끊어진 줄을 잇지요?
　　예, 끊어진 두 줄을 하나로 이으십시오.

왜 손발이 붓지요?
　　간이나 콩팥이 나쁘면 손발이 부어요.

이 잔에 술을 가득 붓지요?
　　아니요, 조금만 부으십시오.

왜 아이들이 마당에 줄을 긋지요?
　　그 애들이 놀이를 하려고 줄을 그었군요.

> 보기　누가 끊어진 실을 이었습니까?
> 　　　누나 ‥ 누나가 그 실을 이었어요.

(1) 누가 이 집을 지었어요?
　　건축사　　‥ 건축사가 이 집을 지었어요.

(2) 누가 사장에 이어서 말씀하셨어요?
　　부사장　　‥ 부사장이 이어서 말씀하셨어요.

(3) 왜 눈이 부었지요?
　　눈병이 나다 ‥ 눈병이 나서 부었어요.

(4) 언제 병이 다 나았어요?
　　어제　　　‥ 어제 병이 다 나았습니다.

(5) 누가 항아리에 물을 부었지요?
　　누이　　　‥ 누이가 항아리에 물을 부었어요.

2 어법

❶ "ㅅ" 불규칙 동사

　동사나 형용사의 어간의 끝소리가 "ㅅ"으로 끝나는 일부의 용언은 "-었-", "-어서", "-은" 등의 모음 어미와 결합할 때, 그 "ㅅ" 종성(받침)이 탈락한다.

기본형	변형
잇다	이었다, 이어서, 이은
짓다	지었다, 지어서, 지은
붓다	부었다, 부어서, 부은

　그러나 이런 "ㅅ" 탈락 동사는 일부에 한정되고, 많은 동사의 "ㅅ" 종성(받침)은 어떤 경우에도 탈락되지 않는다.

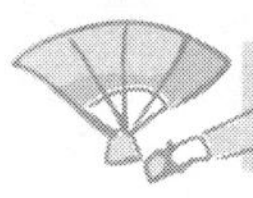 "벗다", "빗다", "웃다", "빼앗다", "솟다", "씻다"

등은 그런 "ㅅ" 탈락 현상을 보이지 않는 정상적인 규칙 동사이다.

한편, 형용사 중에는 그런 탈락 현상을 보이는 형용사가 한두 개에 불과하다. 그 밖의 형용사들은 어미가 규칙적으로 활용된다.

기본형	변형
낫다	병이 다 나았다.
낫다	이것이 저것보다 나아요.

18.3 "ㄷ" 불규칙 동사

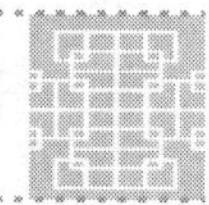

기본 유형 : ㄷ → ㄹ

아직도 자기 잘못을 깨닫지 못 했어요?

　아니요, 저는 잘못을 깨달았어요.

그 이야기를 듣고 있어요?

　예, 그 이야기를 들었습니다.

어제 KBS 뉴스 방송을 듣지 않았어요?

　예, 그것은 방송에서 들은 이야기예요.

이것은 제 차에 싣고 갈까요?

　아니요, 벌써 선배 차에 실었어요.

그 문제는 나에게 묻지 마세요.

　예, 다른 친구에게 물어 보겠습니다.

> 보기   그런 이야기를 어디서 들었습니까?
>   그것은 제 친구한테 들은 이야기입니다.

(1) 그런 문제를 한국 사람에게 물었습니까?
     예, 그것은 제가 한국 친구에게 물어 본 문제입니다.

(2) 이런 속담을 들어 봤어요?
     예, 그 속담은 제가 들어 본 속담입니다.

(3) 이 차에 짐을 너무 많이 실었지요?
     예, 그 차에는 짐을 너무 많이 실었습니다.

(4) 한글날 관련 기사를 신문에 실었어요?
     예, 이것이 신문에 실은 그 기사입니다.

(5) 이제는 자기 잘못을 깨달았겠지요?
     아니요, 아직도 자기 잘못을 못 깨달은 듯합니다.

2 어법

❶ "ㄷ" 불규칙 동사

동사의 어간이 "ㄷ"으로 끝난 것들 중에서 일부는 "-었-", "-어서", "-은" 등의 모음으로 시작되는 어미와 결합할 때, 그 "ㄷ" 종성(받침)이 "-ㄹ"로 바뀐다. 이런 동사들을 보통 "ㄷ" 불규칙 동사라고 한다.

기본형	변형
묻다	물었다, 물어, 물어도, 물어서, 물으니, 물으면, 물은
듣다	들었다, 들어. 들어도, 들어서, 들으니, 들으면, 들은

그러나 "ㄷ" 불규칙 동사는 일부에 한정되고 그 나머지 "ㄷ" 종성(받침) 동사는 어느

경우나 변화가 없다.

"받다", "믿다", "얻다", "묻다(埋)", "돋다", "뜯다", "곧다" 등 다수는 "ㄷ" 불규칙 동사가 아니고 규칙 동사다.

18.4 "르" 불규칙 동사

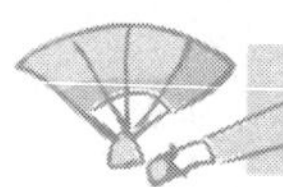

기본 유형 : 르 → ㄹ러/라

저 도배사가 벽지를 잘 바르지요?

　　예, 이 벽도 그 도배사가 발랐어요.

너는 그것을 아직도 모르니?

　　응, 나는 그 내용을 전혀 몰랐다.

그들이 툭하면 편을 잘 가르지요?

　　예, 그들은 툭하면 편을 갈라서 싸웠어요.

어린 아이가 가위로 종이를 잘 자르지요?

　　예, 어린 아이가 종이를 아주 예쁘게 잘랐어요.

1 연습하기

> **보기**　그 일을 정말 모릅니까?
>
> 　　　　예, 나는 그것을 전혀 몰랐습니다.

(1) 누가 이 책을 고르셨지요?

　　예, 제가 그 책을 골랐어요.

(2) 누가 내 이름을 부르지요?

　　예, 제가 불렀어요.

(3) 누가 이렇게 나무를 잘 자르지요?

　　　목공이 전기톱으로 이 나무를 잘랐습니다.

(4) 이 아이가 어머니에게 돈을 달라고 조르지요?

　　　예, 그 아이가 어머니에게 돈 달라고 졸랐어요.

(5) 저 물건은 잘못 샀으니 도로 무르지요?

　　　나는 이번에 물건이 안 좋아서 물렀어요.

2 어법

❶ "르" 불규칙 동사

어간이 "르"로 끝난 동사는 어미 "-아", "-어"와 만나면 "-르"가 "-ㄹ라/-ㄹ러"로 바뀐다.

$$·르 +아 / 어　→　ㄹ+라 / 러$$

예　마르다　말라　말랐다　(말라, 말랐다)
　　부르다　불러　불렀다　(불러, 불렀다)

"ㅂ"과 "ㅎ" 불규칙 형용사

19.1 "ㅂ" 불규칙 형용사

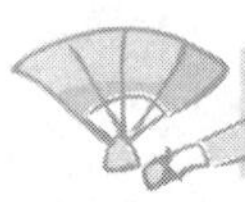 **기본 유형 : ㅂ → 우**

저 그림이 아름답지요?

　예, 저 그림은 아름다운 그림입니다.

나쁜 사람은 밉지요?

　그래요, 나쁜 사람은 미워요.

이 문제가 풀기 어렵지요?

　예, 그 문제는 풀기 어려워요.

그 문제는 해결하기 쉽지요?

　예, 이 문제는 해결하기 쉬운 일이지요.

오늘 날씨는 좀 덥지요?

　예, 좀 더워요. 하지만 추운 날씨보다는 좋아요.

> **보기** 저 산이 아름다워요?
>
>   예, 참 아름다운 산이에요.

(1) 그 일이 어려워요?

     예, 그것은 어려운 일입니다.

(2) 그 문제가 쉬워요?

     예, 그것은 쉬운 문제입니다.

(3) 그 물이 뜨거워요?

     예, 그 물은 뜨거운 물입니다.

(4) 이 고추가 매워요?

     예, 그것은 매운 고추입니다.

(5) 오늘 날씨가 추워요?

     예, 오늘은 추운 날씨입니다.

2 어법

❶ "ㅂ" 불규칙 형용사

어간이 "ㅂ"으로 끝난 대부분의 형용사는 불규칙 현상을 보인다. 그런 "ㅂ"은 그 종성이 "−었", "−어서", "−은" 등 모음 어미와 결합할 때 "우"로 바뀐다.

> **예** 그 식당 김치가 매웠습니다.   (매운 김치)
>
>   물이 뜨거웠어요.   (뜨거운 물)
>
>   이 음식이 싱거워서 먹기 어려워요. (싱거운 음식)
>
>   오늘은 날씨가 추워요.   (추운 날씨)
>
>   이 짐이 무거워요?   (무거운 짐)
>
>   그 보따리는 가벼운 짐입니다.   (가벼운 보따리)

"ㅂ" 종성의 형용사는 대부분 "ㅂ" 불규칙이지만, "ㅂ" 종성의 동사 중에서는 "돕다"와 "눕다" 등 몇 개가 불규칙 동사이다.

· **돕다**: 도운, 도왔습니다, 도와서
· **눕다**: 누운, 누웠습니다, 누워서

그러나 "잡다", "집다", "입다", "씹다" 등 대부분의 "ㅂ" 종성 동사는 불규칙 동사가 아니고 규칙 동사다.

19.2 "ㅎ" 불규칙 형용사

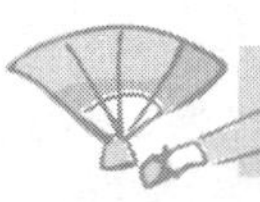

기본 유형 : 하얗다 → 하야니, 하얘요

그 여자의 얼굴은 하얗지요?

  예, 그 여자의 얼굴은 하얘요.

  아니요, 그 여자는 하얀 얼굴이 아닙니다.

저분의 저고리는 노랗지요?

  예, 저분의 저고리는 노래요.

  아니요, 저분의 저고리는 노란 저고리가 아닙니다.

> 보기   이 옷은 까맣지요?
>
>   예, 그 옷은 까매요. / 아니요, 그 옷은 까만 옷이 아닙니다.

(1) 가을 하늘은 파랗지요?

    예, 가을 하늘은 파래요.

    정말 파란 하늘입니다.

(2) 바닷물도 파랗지요?

    예, 바닷물은 파래요.

    정말 파란 바다가 멋지네요.

(3) 연세가 많으신 할머니의 머리는 하얗지요?

    그렇죠, 할머니 머리는 하얘요.

    그래요, 할머니 머리는 하얀 머리지요.

(4) 그 사람은 눈이 새파랗지요?

    예, 그의 눈은 새파래요.

    아니요, 그의 눈은 새파란 눈이 아니에요.

(5) 좋은 품질의 숯은 빛깔이 새까맣지요?

    예, 좋은 품질의 숯은 빛깔이 새까매요.

    그렇죠, 좋은 숯은 새까만 빛깔이 납니다.

2 어법

❶ "ㅎ" 불규칙 형용사

어간의 끝음절이 "ㅎ" 종성(받침)인 형용사는 "좋다"를 빼놓고는 모두 "ㅎ" 불규칙이다. 이런 "ㅎ" 불규칙 형용사는 "－아요", "－어요", "－았－", "－었－" 등과 결합할 때, 그 "ㅎ" 종성이 탈락하고 어미가 "－애"로 바뀐다.

기본형	변형	예
까맣다	까매요	이 옷은 까매요.
	까맸어요	내 피부는 본래 까맸어요.
	까매서	머리가 까매서 건강해 보여요.
파랗다	파래요	바닷물은 언제나 파래요.
	파랬어요	초여름에는 나무 잎이 파랬어요.
	파래서	하늘이 파래서 보기가 좋다.
하얗다	하얘요	그 사람은 살결이 하얘요.
	하얬어요	나도 어릴 때는 피부가 하얬어요.
	하얘서	눈이 오면 온통 하얘서 좋다.

한편, "ㅎ" 종성(받침)의 형용사가 명사 수식의 관형사형 어미 "-ㄴ/-은"과 만나면 그 "ㅎ"이 탈락한다.

기본형	변형	예
까맣다	까만색	그 옷은 까만색이에요.
	까만 눈동자	까만 눈동자가 인상적입니다.
	까만 머리	까만 머리가 하얘졌어요.
누렇다	누런색	누런 누룽지
	누런 과일	누런 배
	누런 옷	누런 모자
노랗다	노란색	노란 저고리
	노란 꽃	노란 꽃이 피었어요.
	노란 옷	노란 옷을 입은 남자

기본 유형 : "─" 모음의 탈락

동생이 입학시험에 합격해서 매우 기쁩니다.

우리 가족들은 모두 기뻐하고 있습니다.

어린 아이들은 모두 예쁩니다.

그래요, 그 애들은 모두 예뻐요.

비행기가 날마다 뜹니까?

지금도 벌써 떴어요.

1 연습하기

> **보기** 기쁘다 ·· 나는 그 때 매우 기뻤습니다.

(1) 아프다 ·· 나는 그 때 아팠어요.

(2) 고프다 ·· 우리는 그때 배가 몹시 고팠어요.

(3) 슬프다 ·· 나는 일을 실패하고 나서 매우 슬펐어요.

(4) 담그다 ·· 할머니가 김치를 담갔어요.

(5) 잠그다 ·· 우리는 외출할 때 방문을 잠갔어요.

2 어법

❶ "─" 불규칙 동사와 형용사

어간이 "─"로 끝난 동사나 형용사는 ─아, ─아서, ─어, ─어서, ─았─, ─었─ 등과 결합할 때, 용언 어간의 "─"가 탈락한다.

예 기쁘 + 어 → 기뻐
    끄 + 어 → 꺼
    아프 + 아 → 아파
    담그 + 았다 → 담갔다

"ㅡ" 불규칙 동사나 형용사는 "르" 불규칙의 경우보다 적다. "르" 불규칙 동사, 형용사가 대부분이고 "ㅡ" 불규칙 동사, 형용사는 일부에 지나지 않는다.

· "ㅡ" 불규칙 동사, 형용사의 예
  − **동사**: 쓰다, 따르다, 잠그다, 끄다, 뜨다, 담그다
  − **형용사**: 아프다, 고프다, 기쁘다, 예쁘다, 슬프다, 크다, 나쁘다, 쓰다

부사어를 만드는 "–게"와 "–도록"

20.1 부사어를 만드는 "–게"

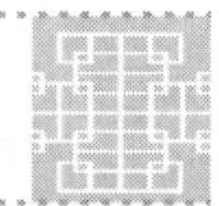

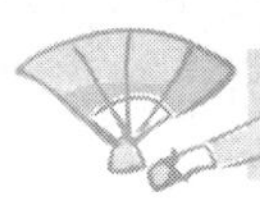

기본 유형 : –게

국화가 예쁘게 피었지요?
  예, 국화가 예쁘게 피었군요.

저 가게는 물건을 싸게 팔아요?
  아니요, 저 가게는 오히려 비싸게 팔아요.

그는 어려운 문제를 쉽게 풀었지요?
  예, 그는 어려운 문제를 쉽게 풀었어요.

저 소나무가 보기 좋게 자랐지요?
  정말 보기 좋게 컸군요.

저 음식이 맛있게 보이지요?
  예, 저 음식이 맛있게 보여요.

이 음식점은 손님을 친절하게 맞이하지요?
  예, 그 음식점은 손님을 친절하게 대해요.

그분은 늘 다른 사람을 좋게 말하지요?
  예, 그렇습니다. 우리도 그분처럼 남을 나쁘게 말하지 말고 좋게 말해야지요.

> 보기 하늘이 맑게 개었지요?
>
> 푸르다 ·· 하늘이 푸르게 개었어요.

(1) 전철이 생겨서 교통이 편리하게 되었지요?

편하다 ·· 전철이 있어서 통학이 편하게 되었어요.

(2) 우리 동네 사람들은 화목하게 지내지요?

친하다 ·· 우리 동네 사람들은 서로 친하게 지내지요.

(3) 김 씨네 가족이 모두 행복하게 살지요?

평안하다 ·· 그 가족은 늘 평안하게 살아요.

(4) 도시는 밤이 깊어지면 시민들의 왕래가 드물게 되지요?

뜸하다 ·· 밤이 깊으면 시민들의 왕래가 뜸하게 돼요.

(5) 주민들이 전보다 잘 살게 되었지요?

넉넉하다 ·· 주민들이 전보다 넉넉하게 살게 되었어요.

2 어법

❶ 형용사 + -게

상당수의 형용사 어간에 어미 "-게"를 첨가하면 부사적 기능을 보인다. 그런데 동사의 어간에 어미 "-게"를 첨가하면 남에게 동작을 시키는 사동형을 만드는 경우도 있다. 이에 관해서는 뒤에서 살필 것이다.

예 아이가 똑똑하게 생겼다.   ("똑똑하게"가 "생겼다"를 수식함)

여자 아이가 얌전하게 행동한다.

남을 좋게 말한다.   (칭찬하다)

남을 나쁘게 말한다.   (욕하다)

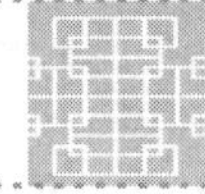

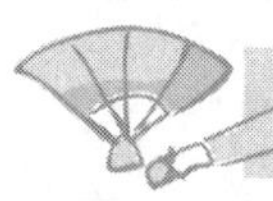

기본 유형 : 동사의 어간 + -게

그는 산에서 많은 나무가 자라게 만들었지요?
　그래요, 그는 산에서 나무가 많이 자라게 했어요.

세종대왕은 백성들이 우리글을 잘 읽게 만들었지요?
　예, 쉬운 글자를 만들어 누구나 글을 잘 읽게 했지요.

선생님은 학생들에게 논리적인 글을 쓰게 했지요?
　그분은 학생들을 논리적으로 생각하게 가르쳤어요.

1 연습하기

> **보기**　누가 젊은이들에게 새로운 지식을 배우게 했지요?
> 　　학교 ‥ 학교에서 젊은이들에게 새로운 지식을 배우게 했어요.

(1) 누가 이런 좋은 제품을 생산하게 만들었지요?
　신임 사장　‥ 신임 사장이 좋은 제품을 생산하게 했어요.

(2) 누가 이렇게 맛있는 음식을 먹을 수 있게 했지요?
　요리사　　‥ 요리사가 맛있는 음식을 먹을 수 있게 했어요.

(3) 어떤 사람이 산을 푸르게 만들었지요?
　임업 전문가 ‥ 임업 전문가가 산을 푸르게 만들었어요.

(4) 누가 맹자를 훌륭한 사람으로 성장하게 만들었지요?
　어머니　　‥ 맹자의 어머니가 맹자를 훌륭하게 키웠지요.

(5) 누가 저 아름다운 초고층 건물을 짓게 만들었지요?
　자본가　　‥ 자본가가 아름다운 초고층 건물을 짓게 했어요.

2 어법

❶ -게 만들다/하다

"-게 만들다"는 사동자가 피사동자에게 어떤 행동을 하도록 시키는 어법 유형이다.
이것은 앞(13.2)의 "사동법"에서 다룬 일반 사동법과 같다.

사동자	피사동자	행동	사동법 유형
어머니가	아이에게	공부를	하게 만들었다.
은사님이	저에게	한국어문법을	연구하게 만들었어요.

사동법 유형의 "만들다"는 "하다"와 교체되어 쓰는 일이 많다.

 어머니가 아이에게 옷을 입게 **했다**.
　　어머니가 아이에게 옷을 입게 **만들었다**.

20.3 도급형 "-도록" 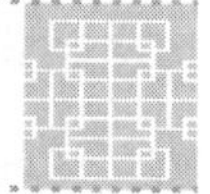

기본 유형 : 동사의 어간 + -도록

부모님이 그가 성공하도록 뒷바라지 했지요?
　　예, 부모님이 뒷바라지 했어요.

대통령은 국민들이 잘 살도록 힘써야 하지요?
　　예, 대통령은 그런 일을 해야 하지요.

교수님이 학생들에게 과제를 연구해 오도록 지시했지요?
　　예, 교수님은 학생들에게 그렇게 지시했어요.

학생들은 밤늦도록 과제를 연구했지요?
　　예, 학생들은 밤늦도록 과제 연구를 많이 했어요.

> **보기** 선생님들은 학생들이 한국어를 잘 배우도록 가르치지요?
> 그러나 학생들은 한국어를 잘 배우도록 노력하지 않아요.

(1) 그 회사 사장은 좋은 제품을 생산하도록 사원들에게 늘 강조하지요?
  예, 그러나 사원들은 좋은 제품을 생산하도록 열심히 노력하지 않아요.

(2) 어머니와 누나는 가족들이 좋은 음식을 먹을 수 있도록 늘 애썼지요?
  예, 그렇지만 식료품이 비싸서 모든 가족이 충분히 먹을 수 있도록 차리지는 못했어요.

(3) 우리나라 국민들은 산에 나무가 잘 자라도록 모두가 열심히 노력했지요?
  예, 그렇지만 산에 나무가 많은데 비하여, 경제성 좋은 나무가 자라도록 하지는 못했어요.

(4) 어떤 분이 화가에게 훌륭한 그림을 그리도록 도와주었지요?
  예, 그런데도 아직까지 화가는 만족할 만한 그림을 그리지 못했어요.

(5) 우리는 누구나 좋은 문화재를 잘 보존하도록 힘을 모아야 하지요?
  예, 그렇지만 정부는 국민들에게 그런 노력을 하도록 힘쓰지 않고 있어요.

2 어법

❶ 동사의 어간 + -도록

이 어법 유형은 어떤 행동이나 노력이 바라는 바의 목표에 도달할 수 있게 한다는 뜻이다. 이것은 "-게 만들다"와 비슷한 뜻이 있지만 "-도록" 뒤에는 여러 가지 어구나 문장이 결합될 수 있다는 점이 한 특색이다.

사동자	피사동자	행동 동사 + 도록	노력하다/힘쓰다
어머니가	아이에게	공부를 하<u>도록</u>	<u>뒷바라지를 했다</u>.
자본가가	건축가에게	좋은 집을 짓<u>도록</u>	<u>자금을 대고 도와주었다</u>.
정부가	국민들에게	누구나 잘 살<u>도록</u>	<u>좋은 정책을 마련했다</u>.

> 예 어머니가 아이에게 공부를 하게 **했다/만들었다**. (사동법의 "−게")
> 어머니가 아이에게 공부를 하도록 **뒷바라지를 했다**. (−도록)
> 자본가가 건축가에게 좋은 집을 짓도록 **자금을 대고 도와주었다**.
> 우리나라가 발전할 수 있도록 **온 국민이 다 같이 노력해야 한다**.

위에서 보듯이 "−도록" 뒤에는 "만들다"나 "하다" 이외에 밑줄 친 어구나 문장 등이 다양하게 쓰이는 일이 많다.

"−도록"은 동사에만 쓰이는 것이 보통이지만 형용사가 더러 쓰이는 수가 있다. 그러나 매우 한정적이다.

> 예 우리는 달이 **밝도록** 기다렸다.
> 거리가 **깨끗하도록** 청소를 해야 하지요.
> **좋도록** 하세요. (관용구)

특별 의미 조사
"–마다, –씩, –끼리"

21.1 특수 의미 조사 "–마다" 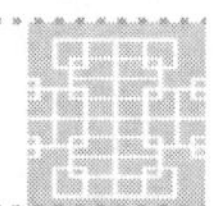

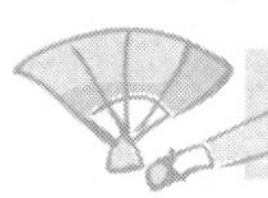

기본 유형 : 명사 + –마다

전통 한옥

사람은 날마다 자고 먹지요?

　　예, 우리는 모두 날마다 자고 먹어요.

음식마다 맛이 다르지요?

　　예, 음식은 다 각각의 맛이 있지요.

나라마다 특징이 있지요?

　　그래요, 각 나라마다 특징이 있어요.

사람마다 얼굴이 다르지요?

　　예, 사람마다 각기 얼굴이 다르지요.

그 아이는 해마다 키가 잘 크지요?

　　예, 그 아이는 해마다 키가 잘 커요.

1 연습하기

> **보기** 달마다 행사가 있지요?
>   예, 달마다 특별한 기념일이나 국경일이 있어요.

(1) 서울은 큰 거리마다 이름이 있지요?

   종로, 을지로, 충정로 등 큰 거리마다 길 이름이 있어요.

(2) 대개 사람마다 성과 이름이 같지 않지요?

   예, 대개는 사람마다 자기 성과 이름이 있지요?

(3) 대체로 단어마다 의미와 용법이 다르지요?

   그렇죠, 대개 단어마다 뜻과 용법이 같지 않아요.

(4) 요즈음은 밤마다 문화 행사가 있지요?

   예, 요즘 밤마다 열리는 문화 행사에 사람이 많이 모여요.

(5) 요새는 거의 날마다 농구 경기가 열리지요?

   지난 일주일 동안에는 거의 날마다 농구 시합이 있었지요.

2 어법

❶ 명사 + −마다

명사에 조사 "−마다"를 첨가하면 특별한 뜻의 어구를 이룬다.
그 어구는 "매(每)", "각각(各各)" 또는 "빠짐없이 모두"라는 뜻이 있다.

   예 사람마다 개성이 있다.
       동물마다 머리 모양이 다르다.
       직장마다 새 직원들을 뽑는다.
       국경일에는 집집마다 태극기를 달아야 한다.

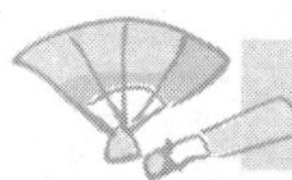

기본 유형 : 명사 + -씩

> 기념품을 참석자에게 한 개씩 나눠 주었지요?
>
> 예, 참석한 사람마다 한 개씩 나눠 줬어요.
>
> 참석한 회원은 한 표씩 투표할 수 있지요?
>
> 참석한 회원마다 한 표씩 투표할 수 있어요.
>
> 한 분 선생님이 학생을 몇 명씩 가르치지요?
>
> 한 분 선생님이 학생을 20명씩 가르쳐요.

1 연습하기

> **보기** 한 교실마다 학생을 몇 명씩 교육하지요?
>
> 20명 ‥ 교실마다 학생을 20명씩 교육하지요.

(1) 그 회사는 얼마씩 수익을 내지요?

100억 원 ‥ 회사마다 100억 원씩 수익을 내지요.

(2) 참가자마다 얼마씩 회비를 내야 하지요?

10만 원 ‥ 참가자마다 10만 원씩 회비를 내야 해요.

(3) 사람마다 나무를 몇 그루씩 심어야 하지요?

10그루 ‥ 사람마다 나무를 10그루씩 심어야 해요.

(4) 저 그림은 한 작품에 얼마씩에 팔렸지요?

3백만 원 ‥ 저 그림은 한 작품에 3백만 원씩에 팔렸어요.

(5) 저 아파트는 집집마다 태극기를 모두 달았지요?

1개씩 ‥ 저 아파트는 집집마다 1개씩 태극기를 달았어요.

❶ 명사 + –씩

"–씩"은 학교문법에서는 "나눔"이나 '배분'의 뜻으로 쓰이는 접미사였다. 여기서는 사람이나 사물을 같은 수나 분량으로 나눌 때 쓰이는 특수 의미 조사로 다룬다.

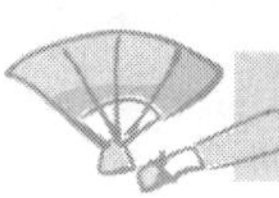 한 사람에 10개씩 나누었다.

공원마다 몇 개씩 제품을 만들었지요?

사장은 직원마다 200만 원씩 명절 상여금을 주었다.

21.3 의미 조사 "–끼리" 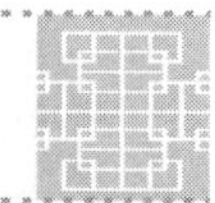

기본 유형 : 명사 + –끼리

친구들끼리 주말에 여행을 했어요?

　　예, 친구들끼리 시골 여행을 했지요.

가족끼리 모여서 어머니 생신 잔치를 했지요?

　　예, 식구들끼리 어머니 생신 잔치를 했어요.

이웃 나라끼리 야구 시합을 하였지요?

　　예, 동양 3국끼리 시합을 했어요.

사람들은 끼리끼리 모이게 마련이지요?

　　그렇죠, 대개 친구끼리 모임을 가지지요.

> 보기 젊은이들끼리 모여서 시합을 벌였다지요?
>
> 노인들 ‥ 노인들끼리도 시합을 벌였답니다.

(1) 그 회는 여학생들끼리만 모인다지요?

남학생들 ‥ 그 회는 남학생들끼리도 모인답니다.

(2) 어머니들끼리 모여서 아이들 교육에 대해서 토론을 하고, 그들끼리 친교를 맺는 다지요?

아버지들 ‥ 아버지들끼리도 친교를 맺는답니다.

(3) 친구들끼리 다투는 것은 문제가 있지요?

형제 ‥ 형제들끼리도 다투는 것은 문제가 있지요.

(4) 이웃 사람들끼리 서로 사랑해야지요?

친척들 ‥ 친척들끼리도 서로 사랑해야지요.

(5) 어떤 사람들끼리 서로 흉을 보았지요?

가까운 사람들 ‥ 가까운 사람들끼리 서로 흉을 보았대요.

2 어법

❶ 명사 + -끼리

이 어법 유형은 같은 부류에 속하는 사람들이 무리지어 행동하거나 모이는 것을 나타 낸다.

> 예 아이들은 아이들끼리 모이는 것을 좋아하지요.
>
> 어른들은 어른들끼리 모이는 경향이 있어요.
>
> 사람들은 비슷한 연령이나 계층 사람들끼리 무리 짓기를 좋아하지요.
>
> 동물들도 각기 끼리끼리 한데 어울리고 있어요.
>
> 그래서 사람이나 동물은 끼리끼리 모인다고 하지요.

❷ 관련 속담이나 관용어

· 도둑놈도 자기들끼리는 도적질하지 않는다.

· 닮은 사람끼리는 서로 좋아한다.

· 걸인은 걸인끼리 짝짓게 두어라.

· 비둘기는 비둘기끼리 매는 매끼리.

· 비슷한 무리끼리는 즐겨 모인다.

21.4 특수 의미 조사 "-마저"

기본 유형 : 명사 + -마저

너마저 나를 못 믿니?

　친구마저 그를 배반하였지요.

그에게는 지지자들마저 등을 돌렸다지요?

　예, 가까운 사람들의 인기를 잃은 것이지요.

친척들마저 그 집에 가지 않는다지요?

　예, 부모마저 그의 행동을 감싸지 않는 돼요.

1 연습하기

> **보기**　그 국회의원은 출신 구민마저 싫어한다지요?
> 　　　　친구 ·· 그 국회의원은 친구들마저 싫어한답니다.

(1) 그 회는 회원들마저 안 좋아한다지요?

　회 간부들 ·· 그 회는 간부들마저 안 좋아한답니다.

(2) 그런 문제는 초등학생마저 풀 수 있지요?

유치원생 ·· 그런 문제는 유치원생마저 풀 수 있어요.

(3) 모르는 사람들마저 그를 지지한다지요?

중학생들 ·· 중학생들마저 그를 지지하지요.

(4) 그 속담은 어린이마저 알 수 있지요?

외국인들 ·· 외국인들마저 그 속담은 알 수 있지요.

(5) 아이들마저 끼리끼리 모이기 좋아하지요?

동물들　·· 동물들마저 끼리끼리 모이기 좋아하지요.

2 어법

❶ 명사 + -마저

이 어법 유형은 "-까지도"와 같은 뜻을 지니고 있다.

> 예　친구마저 나를 싫어한다.
> 아이들마저 그 가수를 좋아한다.
> 동급생까지도 그를 따돌린다.
> 동물들까지도 무리들끼리 한데 어울리고 있어요.

종결형 보고법

22.1 종결형 보고법 "–더라"

기본 유형 : –더라

학생들이 어디로 갔지?

　그들은 교실로 들어가더라.

밖에는 눈이 오니?

　그래, 밖에는 함박눈이 내리더라.

이 소설은 재미가 있지?

　그 소설은 읽을수록 재미가 있더라.

그분이 우리 옛날 선생님이시지?

　그래, 그분이 우리 옛 선생님이시더라.

비가 오니까 사람들이 우산을 받고 가지?

　그래, 누구나 우산을 받고 가더라.

> **보기** 값이 비싸다 ‥ 그 물건은 좋은데 값이 비싸더라.

(1) 좋은 사람이 드물다 ‥ 사람은 많은데 좋은 사람이 드물더라.
(2) 몸이 약하다   ‥ 그 여자는 똑똑한데 몸이 약하더라.
(3) 맛이 있다   ‥ 그 비빔밥은 참 맛이 있더라.
(4) 실력이 있다   ‥ 만나보니까 실력이 있더라.
(5) 거리가 멀다   ‥ 그 집을 방문하고 싶은데 너무 멀더라.

2 **어법**

❶ 보고법의 "–더라"

"–더라"는 문장의 종결 어미로 쓰이며, 화자가 경험했거나 발견한 사실을 청자에게 알려주는 어법이다. 이때 주어는 화자 자신이 안 되고, 다른 사람이나 사물이 된다. 화자는 자기에 관한 것을 보고하지 않고, 다만 발견한 사실을 알려주는 기능만 보인다.

화자	주어	보고법
(내가 보니)	그 사람이 그 아이가 그 소녀가	좋은 분이더라 영리하더라
(내가 들으니)	그 여자가	(얌전하)더라

> 예   (내가 알아보니) 요즈음 물건 값이 비싸더라.
> (내가 알아보니) 그 사람이 지금 집에 없더라.
> (내가 알아보니) 그이는 얼굴은 예쁘나 얌전하지 않더라.

괄호 속의 내용은 화자가 발견한 것을 말하는 것인데 실제로는 문장 표면에 나타나는 않는 것이 보통이다.

그런데, 이 "–더라"는 동연배의 사람이다. 친구 또는 아랫사람에게 알리는 어법이다.

윗분에게는 뒤에서 보듯이 "-더군요"가 쓰인다.

22.2 종결형 높임 보고법 "-디다"

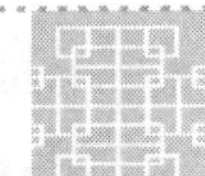

기본 유형 : -ㅂ/습디다

그 사람은 어떤 사람입디까?
　얌전한 외국 소녀입디다.

그분은 아는 것이 많지요?
　아는 것이 풍부합디다.

1 연습하기

> **보기**　이번 토요일에 등산을 한다고 합디까?
> 　　　많은 사람 ‥ 이번 토요일에 많은 사람들이 등산을 한다고 합디다.

(1) 일요일에 국제 경기가 열린다고 합디까?
　크다　　‥ 일요일에 큰 국제 경기가 열린다고 합디다.

(2) 내일 학생들이 선생님 댁에 방문한다고 합디까?
　몇　　　‥ 내일 몇 학생들이 선생님 댁에 방문한다고 합디다.

(3) 다음 달에 교수들이 외국 여행을 한다고 합디까?
　5명　　‥ 5명의 교수들이 다음 달에 외국 여행을 한답디다.

(4) 그 일이 잘 해결되었다고 합디까?
　어렵다　‥ 어려운 일이 잘 해결되었다고 합디다.

(5) 그 여자를 아직도 사랑한답디까?
　그 외국인 ‥ 그 외국인이 아직도 그 여자를 사랑한답디다.

❶ 보고법 "–ㅂ/습디다"

"–ㅂ/습디다"와 그 의문형 "–ㅂ/습디까" 형태는 "더라"보다 더 윗분에게 쓰는 보고법 어미다. 화자보다 윗분에게 주로 쓰이나, 아주 높은 분에게는 안 쓰인다. 아주 높은 존대형은 뒤에서 다룬다.

> 예 형님, 그 친구가 집에 있습디까?
> 아니, 지금 집에 없더라.
> 개가 집을 지키고 있습디까?

"–더라"의 경우와 마찬가지로 화자는 주어가 아니고, 딴 사람이나 사물이 주어로 쓰인다. 화자는 주어의 행동이나 상태를 보고할 뿐이다. 더 높은 존대형은 뒤에서 말하는 "–더군요"이다. 이 형태는 아주 높은 분에게 주로 쓰인다.

"–(스)ㅂ디다": "–습디다"와 "–ㅂ디다"를 편의상 합쳐 놓은 것이다. 자음 어간에는 "습디다"를 쓰고 모음 어간에는 "ㅂ디다"를 쓰도록 한 것이다.

> 예 그는 종교를 믿습니다. (믿+습니다)
> 그는 건강합디다. (건강+하+ㅂ디다)

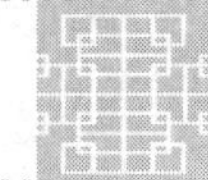

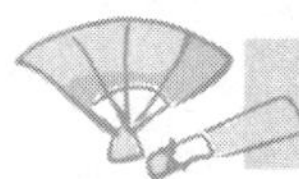

기본 유형 : -대요

그 사람이 어디로 온대요?

그분이 선생님 댁으로 온대요.

왜 우리 집을 방문한대요?

선생님께 여쭈어 보고 싶은 게 있대요.

1 연습하기

> **보기** 그가 어디로 간대요?
>
> 그가 광화문 쪽으로 가더래요.

(1) 일요일에도 국제 경기가 열린대요?

일요일에도 그 경기가 열린대요.

(2) 내일 후배들이 음식점에서 모인대요?

그래요, 후배들이 모인대요.

(3) 직원들이 다음 달에 외국 여행을 떠난대요?

예, 그들이 외국 여행을 떠난대요.

(4) 그 여자가 한국 남자를 사랑한대요?

서로 열렬히 사랑한대요.

(5) 그가 외국 유학생으로 온대요?

예, 유학생으로 온답니다.

❶ 보고법 "-대요"

"-대요"는 "-ㅂ디다"보다 약간 더 놓은 분에게 알리는 보고법이다. 화자보다 아주 높은 분에게는 이 형태가 안 쓰인다. 사실은 일종의 간접 화법처럼 쓰이는 경향이 있다.

22.4 종결형 보고법 "-더군요" 

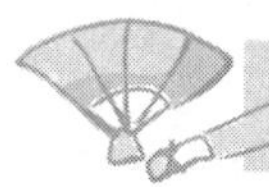 기본 유형 : -더군요

그 사람을 만나보니 어느 나라 사람이었어요?
　예, 그는 태국 사람이더군요.

그 강이 매우 넓지요?
　예, 그 강이 매우 넓더군요.

오늘도 사람들이 거리에 모입디까?
　예, 사람들이 거리에 모여 큰 시위를 하더군요.

그분은 제가 잘 아는 분이지요?
　예, 선생이 잘 아는 분이더군요.

---

1 연습하기

보기　누나가 새 옷을 맞추었지요?
　　　예, 누나가 새 옷을 비싸게 맞추었더군요.

(1) 토요일에 국제 경기가 열린다지요?
　　예, 토요일은 물론, 일요일에도 열린다더군요.

(2) 내일 동창생들끼리 등산한다고 하지요.

예, 가족 동반으로 등산한다고 하더군요.

(3) 아직도 경제 사정이 나쁘지요?

예, 다음 달부터 좀 나아진다더군요.

(4) 수출이 잘 되고 있다지요?

예, 수출이 잘 되고 있다더군요.

(5) 문화 행사가 많아졌지요?

문화 행사가 전보다 활발해졌더군요.

2 어법

❶ "-더군요"의 용법

"-더군요"는 "-ㅂ디다"나 "-대요"보다 더 높은 윗분에게 알리는 보고법이다. 더구나 이 형태는 가장 빈번히 쓰인다.

예 형님, 그 친구가 집에 있습디까?

아니, 지금 집에 없더라.

누님, 누님의 친구가 우리 집으로 오시대요.
아버지, 바깥에 손님이 오시더군요.
자세히 보니 손님은 우리 선생님이시더군요.

화자	주어	보고 어미	보고법
나	친구	-더라	그가 집에 가더라.
	아랫사람		그가 집에 갔더라.
저	윗사람	-ㅂ디다	그가 집에 갑디다. 그가 갔습디다.
	아주 윗분	-더군요	그가 가더군요. 그가 갔더군요.

메모하세요

보고법의 연결형

23.1 과거 수식형 보고법 "–던" 

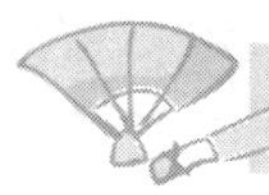 **기본 유형 : –던**

시내에 가던 사람들이 돌아왔어요?

　　예, 가던 사람들이 돌아왔더군요.

어제 만나시던 분이 누구였지요?

　　옛날 선생님이시던 분을 만났어요.

차들이 많던 거리가 저녁에는 조용해졌지요?

　　예, 그 많던 차들이 다 집으로 갔지요.

외국으로 가던 비행기가 갑자기 돌아왔지요?

　　예, 엔진 고장으로 되돌아왔더군요.

보기   물건이 많다 ‥ 그 많던 물건이 다 팔렸더라.

(1) 공부를 하다   ‥ 공부를 하던 학생이 병이 났대요.

(2) 몸이 튼튼하다 ‥ 몸이 튼튼하던 사람이 약해졌지요?
　　　　　　　　　　예, 그 건강하던 사람이 병이 났나 봐요.

(3) 무식하다　　 ‥ 무식하던 사람이 이제는 유식해졌지요?
　　　　　　　　　　예, 어쩐지 그가 공부를 열심히 하더군요.

(4) 실력이 있다　 ‥ 실력이 있던 사람이 취직을 못했어요?
　　　　　　　　　　글쎄요, 실력 있던 사람이 아직도 취업을 못했대요.

(5) 빨리 달리다　 ‥ 빨리 달리던 아이가 넘어졌어요?
　　　　　　　　　　예, 빨리 달리던 아이가 실수로 넘어졌어요.

2 어법

❶ 과거 수식형 보고법 "-던"

"-던"은 뒤의 명사를 수식하는 수식형 보고법으로 쓰인다. 이것은 문장의 종결 어미로 쓰이는 "-더라"나 "-더군요"와는 다르다. 한편, 이 수식형 "-던"은 현재 일을 말하는 "-은"과 구별된다.

〈올림픽 공원 안의 평화의 문〉

 # 과거완료 수식형 보고법

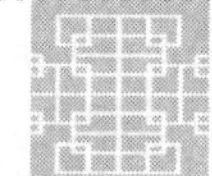

 **기본 유형 : –았던**

그분은 그 전에 잘 알았던 분이지요?
　그래요, 그분은 내가 과거에 알았던 사람이거든요.

이것은 그전에 맡았던 임무들이지요?
　예, 그것은 내가 맡았던 임무들이에요.

그가 샀던 물건을 되팔았지요?
　그래요, 전에 샀던 물건을 되팔았어.

그분은 그 전에 한국에 왔던 사람입디까?
　그렇습니다. 그는 한국에 몇 번 왔던 사람입니다.

잊었던 일이 지금 생각났어요?
　그래요, 잊었던 그 일이 생각났어요.

1 연습하기

보기　아까 여기에 왔던 분이 어디 계시지요?
　　가다 ·· 아까 여기에 왔던 분은 벌써 가셨어요.

(1) 여기에 모였던 사람들이 어디 있지요?
　해산하다　·· 여기에 모였던 사람들은 벌써 해산했어요.

(2) 학생들이 방문했던 곳이 어디지요?
　김 선생님 댁·· 학생들이 방문했던 곳은 김 선생님의 댁이었어요.

(3) 사업가들이 방문하였던 곳은 어느 나라지요?
　캄보디아　·· 사업가들이 방문하였던 곳은 캄보디아였어요.

(4) 그들이 옛날에 자주 갔던 섬은 어디지요?

강화도　　‥ 그들이 잘 갔던 섬은 강화도였어요.

(5) 그 건축가가 지었던 건축물은 어디에 있지요?

올림픽공원 ‥ 그 건축가가 지었던 건축물은 올림픽공원에 있어요.

2 어법

❶ 과거완료 수식형 보고법 "-았던"

"-았던", "-었던" 및 "-였던 등은 과거에 끝난 일을 나타낸다. "-던"도 과거에 일어
난 일을 나타내지만, 이미 완결된 것을 표시하지 않는다. 그러나 "-았-", "-었-" 등이
첨가된 "았던" 등은 과거에 이미 끝난 동작을 나타내는 것이다.

> 예） 이곳은 우리가 **살던** 집이다.　　（한 때 살고 있었음을 나타낸다）
> 이곳은 우리가 **살았던** 집이었다. （과거에 살았으나 지금은 아님을 표시）
> 그는 책을 많이 **쓰던** 학자이다. （지금도 계속할 수 있음）
> 그는 책을 많이 **썼던** 학자였다. （지금은 계속하지 않음）

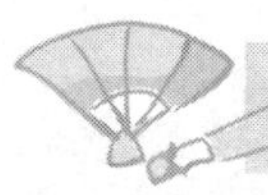

기본 유형 : -더니

그 가족이 물건을 사더니 어디로 갔어요?
　예, 그분이 지금은 저쪽으로 갔어요.

아침에 비가 오더니 오후에는 그쳤어요?
　예, 오후에는 비 대신에 눈이 내렸어요.

사람들이 모이더니 지금은 해산했어요?
　예, 사람들이 모이더니, 지금은 해산하고 집으로 갔어요.

그분이 약을 먹더니 건강해졌대요?
　예, 지금은 좀 나아졌대요.

그가 열심히 공부하더니 한국말을 잘 해요?
　예, 지금은 꽤 잘 하더군요.

1 연습하기

> **보기**　누나가 시장에 가더니 무엇을 사 왔지요?
> 　　　　누나가 시장에 가더니 고기를 사 왔더군요.

(1) 그이가 그저께 시골에 가더니 돌아왔어요?
　　아니요, 아직도 시골에서 안 돌아왔더군요.

(2) 내일 음악회가 있다더니 어디서 열린대요?
　　예, 내일 7시에 세종회관에서 열린대요.

(3) 그가 외국에 가더니 가족에게 소식이 왔어요?
　　예, 그가 외국에 가더니 가족에게 편지가 왔더군요.

(4) 일이 잘 풀린다고 하더니 어떻게 되었지요?

글쎄요, 일이 잘 풀린다더니 그렇지 않대요.

(5) 그가 무역을 한다더니 잘 된대요?

아니요, 그가 무역을 한다더니 수출이 어렵대요.

2 어법

❶ "-더니"의 용법

"-더니"는 종결 어미가 아니고, 연결 어미이므로 그 용법이 다르다. "-더니"는 "-으니"의 과거 또는 과거 회상의 의미라 할 수 있다.

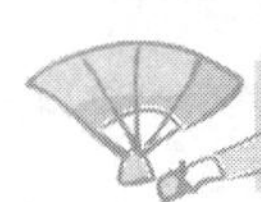 동생이 북한 형을 만나니 눈물이 앞을 가린다.　　　(지금 만난다)

동생이 형을 **만나더니** 얼싸안았다.　　　(과거에 벌어졌던 일)

어머니는 북녘 하늘을 바라보더니 그만 눈물을 흘리셨다. (과거 회상)

23.4 과거완료 회상 연결어미

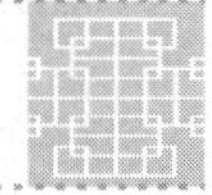

기본 유형 : -았더니, -었더니, -였더니

그 사람들이 많이 왔더니 어디로 가버렸지요?

글쎄요, 먼저 왔던 사람들이 간 것 같아요.

사람들이 모였더니 어떻게 됐지요?

예, 모였던 사람이 하나 둘씩 헤어졌어요.

그 기계가 최신형이지요?

내가 그 기계를 보았더니 최신형이더군요.

> **보기**   어제 모임에 나갔더니 참석자가 많았어요?
>   예, 제가 모임에 나갔더니 참석자가 많았어요.

(1) 그 여자가 어제 왔더니 지금은 어디 갔지요?
　　글쎄요, 아마도 딴 데로 갔나 봐요.

(2) 동창생들끼리 시합을 했다더니 몸살이 나지 않았어요?
　　예, 조금 몸이 아프더니 지금은 괜찮아요.

(3) 제가 외국에 출장 갔더니 회사 일이 괜찮아요?
　　예, 직원들이 각자 일을 잘해서 별일 없더군요.

(4) 그 문제를 해결해 주었더니 주민들이 기뻐하던가요?
　　예, 그 문제를 해결해 주었더니 주민들이 기뻐하더군요.

(5) 내가 그를 믿었더니 그는 사기꾼이었지요?
　　그래요, 믿는 도끼에 발등 찍힌 것이죠.

2 어법

❶ 과거완료 회상 연결어미 "–았더니"의 용법

"–았더니", "–었더니" 등은 "–더니"보다 더 과거에 완료된 일을 나타낸다. 더구나,
"–았/었더니" 등은 주어가 화자 자신이 될 수 있다는 점이 색다르다.

　　　예   제가 보았더니 그분은 훌륭한 학자이더군요.
　　　　　제가 옛 선생님을 만났더니 무척 반가워하셨어요.
　　　　　선생님을 만났더니 무척 반가웠어요

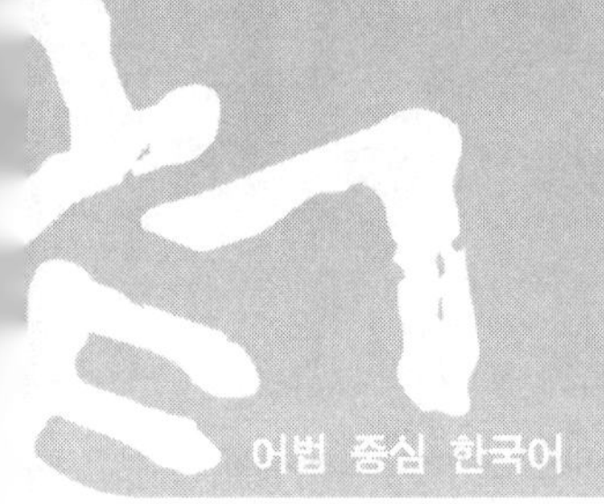

찾아보기

저자 정달영

학력: 청주중·고등학교 졸업
　　서울교육대학교 졸업
　　서경대학교 국어국문학과 졸업(문학사)
　　연세대학교 교육대학원 한국어교육전공 졸업(교육학석사)
　　민족문화추진회 국역연수원 수료(일반연구원)
　　한양대학교대학원 국어국문학과 국어학전공 졸업(문학박사)

약력: 한글문화세계화운동본부 사무총장 역임, 현 (사)한말글 이사장
　　한민족문화학회 회장, (사)한국어정보학회 회장 역임
　　서울교육대학교, 한양대학교, 서경대학교 강사 역임
　　현 대진대학교 인문과학대학 국어국문학과 교수

저서: 국어단락 이론과 작문 교육
　　생각과 표현(공저)
　　新漢文科 敎育論(공저)
　　세계 속담 대사전(공저)

어법 중심 한국어3 고급

초판인쇄　2014년 2월 20일
초판발행　2014년 2월 28일

저　자　정달영
발 행 처　도서출판 박문사
등록번호　제2009-11호

책임편집　이신

우편주소　132-040 서울시 도봉구 창동 624-1 현대홈시티 102-1106
대표전화　(02) 992-3253
팩시밀리　(02) 991-1285
전자우편　bakmunsa@hanmail.net

ⓒ 정달영 2014 All rights reserved. Printed in KOREA

ISBN 978-89-98468-17-0 14710 (세트)
ISBN 978-89-98468-20-0 14710　　　　정가 13,000원